DOMINIQUE PIERSON

MÉTHODE-PIERSON

COMMENT MANAGER SES EQUIPES
SANS FORCING ET SANS CULPABILISER

Direction artistique
Caroline Laleta Ballini / Studio So What Co., Ltd.

illustrations
Shinsuke Kubo @ iStockphoto

ISBN : 9798851721441

AUJOURD'HUI, VOUS ALLEZ ME LIRE ET JE VAIS, VOUS AUSSI, VOUS RÉCONCILIER AVEC LE MANAGEMENT D'ÉQUIPE.

JE SUIS DOMINIQUE PIERSON, SURNOMMÉ PAR MES CLIENT(E)S "L'HOMME QUI CHUCHOTE À L'OREILLE DES ESTHÉTICIENNES".

LIVRE DESTINÉ PLUTÔT AU MANAGER D'ÉQUIPES DE CENTRES DE BEAUTÉ, SPAS, PARFUMERIES, PHARMACIES, MAIS PAS QUE... BONNE LECTURE

DOMINIQUE PIERSON

Créateur dirigeant de DP Training.

J'ai été commercial, directeur des ventes et directeur commercial en parfumeries sélectives et grands magasins pendant plus de 20 ans.

Passionné par les techniques de vente et la pédagogie, j'ai créé en 2003, DP TRAINING, société de formation aux techniques de vente de produits cosmétiques.

J'ai recruté et **managé** des stagiaires, des conseillères beauté, démonstratrices grands magasins et des commerciaux.

Passionné par les techniques de vente, de management et de pédagogie, j'ai créé en 2003, DP TRAINING, société de formation aux techniques de vente de produits cosmétiques, aux techniques de management et aux développements par le marketing.

De 2003 à ce jour, j'ai été auteur/conférencier dans les magazines, congrès et salons esthétiques qui comptent en France, Suisse et Belgique.

En 2012, j'ai été élu «Personnalité coup de cœur de l'année» par l'association SPA-A.

Je forme les responsables, managers, Spa-managers de tous les centres de beauté (instituts, parfumeries, salons de coiffure, pharmacies, chaînes d'instituts, franchises, marques, Spas).

J'interviens en tant qu'auteur-conférencier dans les principaux congrès et magazines professionnels.

J'ai pu aussi enrichir ma culture instituts/parfumeries/salons de coiffure/pharmacies/Spa en formant les managers dans plusieurs pays comme : le Portugal, le Maroc, la Suisse, la Belgique, l'Italie, la Turquie, le Liban, l'île Maurice, La Réunion, la Nouvelle-Calédonie.

Auteur du livre *COMMENT VENDRE DES PRODUITS COSMÉTIQUES SANS FORCING ET SANS CULPABILISER* en 2022

1

LE MANAGEMENT EMPIRIQUE

En dehors de celles et ceux qui ont eu un parcours scolaire ou des expériences de manager, vous êtes, pour la plupart, des gérant(e)s d'instituts de beauté, de salons de coiffure, de parfumeries et de Spa, qui après une expérience de salarié(e), ont obtenu une poste de responsable d'équipe ou vous avez créé un centre et vous avez dû manager un membre ou plusieurs de votre équipe.

Donc, comme beaucoup, vous vous êtes improvisée manager, du jour au lendemain, sans aucune idée des règles, ou des clefs du manager.

Mais comme tous, et moi le premier, vous vous êtes dit 2 choses :

- «Je ne veux surtout pas manager comme j'ai été moi-même managé» pour celles et ceux qui ont eu de mauvaises expériences, d'autorité, de sautes d'humeur, du manque de considération, etc.

  Ou

- «Je ne veux pas faire ma cheffe ou mon chef, on est une équipe et je ne veux pas les commander, je veux être cool avec mes filles».

Vous ne le saviez pas ou pas encore, mais dans les deux cas c'est une erreur. Vous allez comprendre dans ce livre pourquoi vous n'avez pas réussi ou partiellement votre management.

Ou découvrir pour celles qui ont la prudence d'attendre d'avoir les clefs du management avant leur première expérience.

Pourquoi certaines se sont séparées de leur équipe et préfèrent aujourd'hui travailler seules.

Pourquoi certaines ont recruté un(e) responsable pour faire cette fonction de chef.

Afin de rendre mon texte plus fluide et parce que, dans la réalité, les responsables que j'ai formés sont à 98 % des femmes, je vais écrire à partir de maintenant au féminin.

Et c'est la même chose pour les salariés qui à 95 % sont aussi des femmes.

Que les 2 à 5 % d'hommes ne m'en veuillent pas.

Allez, histoire de se mettre dans l'ambiance du management empirique, nous allons nous remémorer vos débuts. (Pour celles qui ont déjà une expérience de responsable, mais aussi pour les salariées qui l'ont subi.) Comme tous ceux de votre génération, vous avez certainement subi un management plus ou moins autoritaire.

Et, bien sûr, vous l'avez mal vécu. Trop de références aux professeurs de vos différentes écoles, de vos professeurs de musique, de danse, d'équitation, de natation, etc., et bien sûr celui de vos parents.

LE MANAGEMENT AUTORITAIRE SE TRADUIT PAR :

• des ordres que personne ne veut recevoir.

• Des demandes sans explications donc pas forcément compréhensibles.

• Un manque de politesse, donc sans : «S'il vous plait», «Merci».

• Un manque de formules atténuant l'ordre comme :
  «Vous voulez bien»,
  «Dès que vous avez un moment»,
  «À quel moment pouvez-vous le faire»
  «Vous pensez bien à...»

• Une absence totale de participation des décisions et des actions.

• Un manque total de reconnaissance des tâches bien effectuées.

• Le manque d'importance donné aux petites tâches et actions exigées.

Je crois que vous avez bien compris qu'avec ce type de management autoritaire, la seule chose à laquelle on pense c'est : «Mais pour qui elle se prend ?» suivi d'un «Je ne suis pas sa bonne» (oui c'est une vieille expression de vos parents, mais que vous perpétuez).

Quelles sont les conséquences de cette expérience de management pour vous lorsque c'est vous qui devez manager ?

Comme beaucoup de futurs managers, ce qui revenait le plus en tour de table en début de mes formations management, à la question :

COMMENT AIMERIEZ-VOUS MANAGER VOS ÉQUIPES ?

C'était :

- « Pour moi, je ne suis pas leur cheffe, je vais leur faire confiance. »

- « Je vais échanger avec elles, définir les tâches et leur faire confiance, ce sont des adultes. »

- « Pour moi, on est une équipe, je compte sur leur participation. »

- « Je veux une belle ambiance avec mes filles, je serai sympa avec elles. »

- « Je ne ferai pas du management vertical, mais horizontal », pour celles qui ont fait un peu de management en master. (Vertical = le chef en haut les autres en dessous comme dans l'armée. Horizontal = il n'y a pas de statut, on est tous sur la même ligne)

- « Je veux que tout se passe bien, qu'il n'y ait pas de tension, de conflit, on est une équipe. Je veux que tout le monde se sente bien et que tout le monde s'aime. »

- Tout cela est génial, cette belle idée du management bisounours, mais est-ce possible ? Et comment est-ce possible ?

- Eh bien c'est ce que nous allons découvrir à travers ce livre dont voici le sommaire :

SOMMAIRE

I - LE RÔLE DU MANAGER

équipe, clientèle, institut

1. Recruter les bonnes personnes au bon poste
2. Renforcer les compétences (formation, mises en situation, feed-back négatif et positif...)
3. Développer la motivation

II - LES QUALITÉS DU MANAGER

4. Motivateur... « Donne envie »
5. Organisateur... « Structure »
6. Harmonisateur... « Rassemble, fédère »

III - LE RECRUTEMENT

recruter, motiver, former

L'entretien
1. Première question
2. Présentation du poste
3. Questions
4. Curriculum vitae
5. Conclusion

XI LE FEED-BACK POSITIF

XII LA GESTION DES OBJECTIFS

- La définition des objectifs de groupe
- La définition des objectifs individuels
- Le suivi des objectifs

XIII ET EN BONUS PLUSIEURS RUBRIQUES SUR LE MANAGEMENT

"MANAGER EST UN MÉTIER À PART ENTIÈRE, CELUI QUI CONSISTE À OBTENIR DE HAUTES PERFORMANCES DURABLES AVEC UNE ÉQUIPE".

LE RÔLE DU MANAGER

Quel est le rôle du manager ? Vaste question.

Souvent nous associons **manager** avec :

- **Donner des ordres**
- **Commander**
- **Décider**
- **Diriger**
- **Déléguer**
- **Reprocher**
- **Sévir**

J'imagine que même si vous n'êtes pas encore responsable d'équipe, vous avez dû utiliser l'ensemble de ces actions avec les copains, les enfants, les neveux, en travail de groupe pendant vos études ou en colonies de vacances. Vous avez pu constater les résultats ou plutôt le manque de résultats et les tensions générées ?

Les **ordres** et **commandements** sont très mal perçus et les résultats sont de courtes durées.

Décider, diriger, ce n'est pas parce que vous avez décidé que votre équipe adhère à votre projet.

Déléguer, c'est un processus qui se déroule en 5 phases, les avez-vous appliquées sans les connaître ?

Reprocher, nommé **feed-back négatif** ou **feed-back constructif** pour être plus positif, se déroule aussi en 5 phases. Les connaissez-vous ?

Oui, vous êtes en train de découvrir ou d'avoir la confirmation que manager s'apprend, que c'est un métier à part entière et qui demande de la préparation et de la rigueur.

Et souvent nous associons le management juste à **la gestion des équipes** par leur :

• Recrutement

• Formation

• Motivation

Mais vous devez aussi **gérer la clientèle,** comment :

• L'attirer

• La fidéliser

Et, bien sûr, vous êtes aussi r**esponsable de votre affaire** (institut, salon, Spa) et qu'il faut :

• Organiser

• Anticiper

• Développer

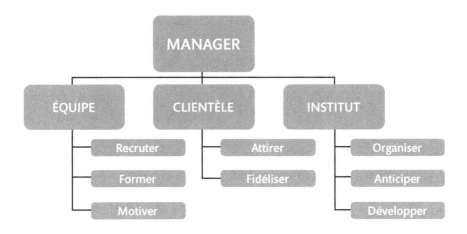

Quel est le rôle du manager d'équipe, la réponse est simple, mais son application plus compliquée.

LA RÉPONSE :

- 1 Recruter les bonnes personnes au bon poste

- 2 Renforcer les compétences (formation, mises en situation, feed-back négatif et positif...)

- 3 Développer la motivation

Comment mesure-t-on la performance d'une équipe ?

La performance de votre personnel
=
Mix de compétence et de motivation

Si vous recrutez une candidate bardée de diplômes et d'expériences, votre rôle sera de lui apporter de la **motivation**.
Si au contraire vous recrutez une jeune esthéticienne sans trop de connaissances de métier, mais souvent très motivée, vous devez lui apporter **la compétence**.

Notes

II

LES QUALITÉS DU MANAGER

MOTIVATEUR

Vous pouvez être la meilleure des esthéticiennes dans votre propre affaire, faire un excellent accueil, de très bons soins, être toujours souriante et disponible pour vos clientes, bref simplement professionnelle, cela ne fera pas de vous un bon manager.

Vous devez pour faire avancer vos équipes, afin qu'elles atteignent leurs objectifs, être

1. Motivateur... «Donne envie»

2. Organisateur... «Structure»

3. Harmonisateur... «Rassemble, fédère»

Motivateur, il va falloir, pour que vos équipes gardent leurs motivations, toute l'année, tous les mois, toutes les semaines, tous les jours, toutes les heures, toutes les minutes être l'élément motivateur de groupe. Vous devez leur donner envie, d'être professionnelles, performantes, souriantes et de bonne humeur à chaque instant. Et ce n'est pas facile. Nous avons un chapitre complet sur la motivation des équipes plus loin dans le livre.

La performance du Manager se mesure en termes de résultats.

Notes

III

LE RECRUTEMENT

Le recrutement est une des phases primordiales du management, vous avez ou vous allez rencontrer des problèmes de gestion des équipes simplement parce que lors du recrutement vous n'aviez pas les clefs.

Quelles questions poser ? Avec quels objectifs ? Entendre ce qui me rassure ou la vérité ? Jusqu'où je peux aller dans mes questions ? Est-ce trop personnel ? Intrusif, légal ?

Y a-t-il une structure de questionnement ? Je dois parler ou la laisser parler ? Etc.

Vous avez peut-être déjà eu une très bonne impression avec une candidate. Vous pensiez avoir trouvé la perle. Et quelques mois plus tard, rien ne va plus. Vous ne comprenez pas pourquoi. Vous rêvez qu'elle démissionne (ce qu'elle ne fera pas bien sûr).

Vous venez, comme toute responsable d'équipe, de subir un des écueils du management. Le recrutement reste une des tâches les plus délicates de votre fonction. Vous devez en quelques minutes, et au mieux quelques heures, identifier la perle rare à travers les curriculum vitæ et les présentations spontanées d'esthéticiennes en quête de travail.

J'ai pu constater lors de mes formations au management que les scénarios de recrutement se ressemblaient. Le constat est que cette décision vitale pour le bon fonctionnement des instituts est très souvent prise dans la hâte et répond à une urgence liée au planning saturé. Il est difficile de faire «vite et bien», et surtout sans préparation.

Comme pour beaucoup, le succès d'une mission repose sur le soin de sa préparation et, ensuite, de sa pratique régulière.

Malheureusement, il peut arriver que vous soyez novice dans le métier de chef d'entreprise. Vous pensez que pour assurer la réussite de votre affaire, il faut multiplier les clientes et les rendez-vous de soin. Débordée, vous avez alors besoin d'aide et, pour cela, vous décidez de recruter une esthéticienne supplémentaire.

Sans formation au recrutement, les critères déterminants pour choisir la perle qui va rejoindre votre équipe sont principalement basés sur votre feeling et sur un test en cabine.

Je vous rassure, une fois de plus, nouveaux chefs de service ou nouveaux patrons, nous sommes tous passés par l'écueil du recrutement.
Que faire? **PRÉPARER ET PRATIQUER.**

Voici donc les bases simples, mais indispensables, du recrutement.

Recruter son équipe

Engager les bonnes personnes est l'une des tâches les plus importantes des managers. N'hésitez pas à y consacrer du temps : ce sera du temps gagné ensuite.

Commencez par bien définir vos besoins pour ensuite pouvoir trouver «la bonne personne».

Définir ses besoins – le poste à pourvoir

Listez les critères d'évaluation de vos candidates.
Si le poste est nouveau, profitez-en pour définir la candidature idéale.
Listez les tâches, l'expérience souhaitée. Si le poste existe déjà, redéfinissez-le avec précision. Notez dans le détail tout ce que vous attendez de votre employée et que vous n'arriviez peut-être pas à obtenir de votre ancienne employée.

Définir ses besoins – les caractéristiques de l'employée

Listez les qualités souhaitées, par exemple :
Sociable, expérimentée, stable, motivée, responsable, capacité à pouvoir s'intégrer dans une équipe, capacité à aller au-delà de ses habitudes d'esthéticienne (ex. : « Et si entre deux soins cabine je vous demandais de distribuer des prospectus aux passants, qu'en penseriez-vous ?)

Trouver la bonne personne – Où chercher ?

N'attendez pas que l'on se présente à vous spontanément.

Listez en permanence les meilleures façons de trouver votre candidate :

- **En interne :** une promotion est-elle possible ?
- **Les écoles :** renseignez-vous sur les possibilités de stages. Cela peut déboucher sur une embauche. Attention, attachez autant d'importance au recrutement d'une stagiaire ou d'une apprentie qu'à celui d'une salariée.
- **Les magazines professionnels**
- **Les associations professionnelles**
- **Les sites internet**
- **Les réseaux sociaux**
- **L'affichage sur votre vitrine** (permet plus facilement de recruter une personne du quartier)

Entretien : 5 étapes

1. **Accueillez vos candidates**
2. **Faites le résumé du profil de l'emploi, le style de personne que vous recherchez.**
3. **Posez vos questions préparées à l'avance.**
4. **Repérez les forces et faiblesses de la candidate.**
5. **Concluez l'entretien.**

1. Accueillez vos candidates

Nous avons déjà subi ou vu dans des films, des entretiens d'un autre temps où l'objectif du recruteur était de mettre le candidat sous stress, ou dans les pires conditions (accueil en retard, reçu par 3 personnes en même temps avec des questions dans tous les sens, ou des entretiens de groupes avec plusieurs candidats en même temps).

Pour l'avoir vécu, je peux vous dire que j'étais hyper concentré, que j'analysais tout, que je calculais mes réponses en fonction de ce que voulait entendre le recruteur.
Mais pensez-vous qu'à ce moment-là j'étais moi-même ? Sincère ? Honnête ?

Vous l'avez compris, si vous-même vous mettez vos candidates sous stress vous n'obtiendrez et ne verrez pas la véritable personne face à vous (le recrutement par lui-même les stresse déjà trop).

Alors, comment faire ?

Simplement, en les mettant à l'aise grâce à des questions sur le temps, la facilité de trouver, de se garer, ou le transport utilisé pour venir (cela vous donne déjà de l'information), un compliment sur leur tenue (si c'est sincère).
Vous pouvez aussi les accueillir comme vous accueillez vos clientes, avec une bonne formule comme : «Bonjour, Jessica, je suis Claire, je vous souhaite la bienvenue à l'institut Grain de Beauté».

Oui, l'utilisation des prénoms rapproche déjà et met en confiance.

Vous enchaînez avec une phrase d'intérêt : « Vous êtes venue par quel transport ? », « Très bien et il faut combien de temps de porte à porte ? ».

Sans qu'elle s'en rende compte, vous avez déjà commencé l'entretien, elle le vit sans s'en rendre compte, elle sera plus à l'aise au moment de l'entretien par lui-même.

Vous l'invitez à vous suivre dans votre bureau ou le lieu défini pour cet entretien (isolé des autres et du bruit).

Pour encore plus la mettre à l'aise et en confiance, vous lui proposez une boisson.
Attention, certains prétendent qu'il ne faut pas qu'elle accepte une boisson, pour être plus polie. Je pense que le fait de boire ou manger avec un tiers nous rapproche (on le fait en règle générale qu'avec les gens avec qui nous en avons envie comme les amis, la famille, ou les collègues).

La bonne formule pour ne pas qu'elle refuse, parce que votre objectif est qu'elle accepte pour être plus détendue sera : « Je vais me chercher un thé, vous préférez un thé vert, un thé à la menthe, ou un café, un verre d'eau ? ». Avec cette formulation il y a peu de chances qu'elle refuse. Si c'est le cas, c'est qu'elle est trop timide ou pas encore à l'aise. C'est aussi une indication. Comment va-t-elle être avec ses clientes (qui sont bien sûr les vôtres) ?

N'oubliez surtout pas de prévenir votre équipe de cet entretien.
Au risque de la surprendre et de l'inquiéter.

Sinon lors de l'arrivée de votre candidate, l'une de vos collaboratrices pensera naturellement que c'est une cliente (donc avec du CA potentiel, ou un soin à faire) et l'accueillera avec un grand sourire, sa petite voix, et une formule d'accueil du genre :
« *Bonjour, Madame, soyez la bienvenue à l'institut Grain de beauté, comment puis-je vous aider ?* »
« *Bah j'ai rendez-vous pour un entretien d'embauche avec la gérante, madame Ly* ».

Vous venez de créer une surprise négative et une grande inquiétude.
Votre collaboratrice se dira :

«J'ai eu l'air d'une quiche avec mon accueil, alors qu'elle vient pour faire partie de l'équipe et que je l'ai prise pour une cliente».

«Et pourquoi ma responsable recrute sans rien nous dire, c'est peut-être notre futur responsable, pourquoi elle ne m'a pas proposé le poste bla bla bla».

Vous voyez dans quel état, alors que ce n'est pas votre intention, vous avez créé un problème ? Et dès que vous aurez fini l'entretien votre collaboratrice s'empressera de venir vous le faire remarquer et rajoutera : «Je la sens pas du tout», ou pire ne vous dira rien et en débattra avec le reste de l'équipe.

Alors qu'il suffit de réunir l'équipe et de lui dire :

«Mesdames, j'ai une bonne nouvelle, l'institut se développe grâce à vous toutes, nous commençons à refuser des clients, pour ne pas créer de déceptions, nous allons agrandir l'équipe».

«Je vais recevoir plusieurs candidates pour un poste d'esthéticienne débutante».

«La première candidate a rendez-vous demain matin à 10 h. Elle s'appelle Jessica, voici sa photo pour mieux la reconnaître», «Réservez-lui un bon accueil, installez-la en salle d'attente et venez me prévenir. J'irai moi-même la chercher».

Et voilà, le problème est anticipé et réglé, il n'y aura pas de mauvaise surprise, pas de déception, pas de rancœur. L'équipe est informée, considérée, reconnue.

Ensuite c'est vous qui lui donnez de l'importance en vous déplaçant pour aller la chercher en salle d'attente.

Vous avez maintenant vos phrases d'accueil, de proposition de boisson, mais avant pensez à ce qu'elle soit installée confortablement. Pas avec son manteau et son sac à main sur les genoux.

Votre formule sera par exemple : «Je vous en prie, installez-vous confortablement, il y a un porte-manteau derrière vous, et vous pouvez poser votre sac à main sur la tablette à votre gauche».

Voilà, elle est bien installée, vous lui proposez une boisson, comme vu précédemment, vous la servez et l'entretien peut commencer.

Il est courant (malheureusement) que l'entretien commence ainsi.

1) Première question

« Vous avez votre CV ? » Entre nous, si une candidate vient sans CV pour se présenter à un poste, avez-vous envie de continuer l'entretien ? Nous changerons cette question qui lui laisse penser qu'elle peut venir sans ☺

2) Le curriculum vitae

« Alors que pouvez-vous me dire sur votre parcours, vos études, vos diplômes ? » À ce moment-là, parce que c'est plus facile lorsque l'on subit un entretien, c'est de lire bêtement et chronologiquement son CV. Mais entre nous, si vous la recevez, c'est que vous avez déjà lu son CV, et vous savez déjà qu'il peut correspondre au profil recherché. Pourquoi cette perte de temps ? N'oubliez pas aussi que vous devez obtenir la vérité sur son parcours, et nous savons que beaucoup enjolivent leurs parcours avec de fausses responsabilités, des montants de primes, des dates ajustées pour diminuer les périodes de chômage, des formations non effectuées, etc.

Donc très facile de rester dans ses mensonges avec le CV sous les yeux qu'elle vous lit. Comment testez-vous sa mémoire et son honnêteté juste sur son parcours et son vécu dans ces conditions ?

3) Les questions

Bien sûr que tout recruteur pose des questions, c'est la base du recrutement. Mais avec quelle pertinence ?

Les questions posées sont majoritairement fermées.
Donc avec des réponses possibles par OUI ou NON.
- *« Vous avez bien votre CAP ? »*
- *« Vous êtes disponible pour un essai ? »*
- *« Vous aviez un pourcentage sur les ventes de produits ? »*
- *« Vous connaissez la marque X ? »*
- *« Vous êtes prête à travailler le dimanche avant Noël ? »*

À chacune de ces questions la réponse peut-être juste un OUI ou un NON, mais qu'avez-vous appris de plus ? Quel est le fond de sa pensée ?

- « *Vous avez bien votre CAP ?* » :
Oui, mais peut-être qu'elle a aussi son BP, ou qu'elle l'a eu de justesse.

- « *Vous êtes disponible pour un essai ?* » :
Oui, mais quand, combien de temps, pour quel soin, dans quelles conditions ?

- « *Vous aviez un pourcentage sur les ventes de produits ?* » :
Oui, mais cela n'indique pas qu'elle le touchait, pour quel minimum de CA, quel montant, quel pourcentage ?

- « *Vous connaissez la marque X ?* » :
Oui ne veut pas dire à quel point elle la connaît. Tout le monde connaît la marque Coca-Cola, mais qui a la recette ? ☺

- « *Vous êtes prête à travailler le dimanche avant Noël ?* » :
Oui sur l'instant, mais que pense-t-elle vraiment de ce travail le dimanche ? Dans quelles conditions ? À quel tarif ? Est-ce une journée récupérée ou payée double ?

4) Présentation du poste

Vous venez déjà de passer environ 15 à 20 minutes à l'écouter répondre en majorité par des OUI et des NON, mais avez-vous découvert le fond de sa pensée ? Que savez-vous de plus que ce qu'il y a écrit sur son CV ?

Et pour dynamiser l'échange, vous vous sentez obligée de parler du poste, de l'équipe, de votre concept, de vos soins, de votre philosophie, de votre clientèle, de vos objectifs, etc.

Il vient de s'écouler encore 15 à 20 min.

Et peut-être que suite à votre présentation, elle vous annonce naturellement qu'elle ne veut pas travailler le samedi ou pas faire le ménage, ou qu'elle n'est pas encore formée aux massages (alors que bien sûr vous pensiez que oui, que c'était une évidence).

Et après 45 minutes d'échange, vous devez mettre fin à l'entretien puisqu'elle ne correspond plus à la perle que vous recherchiez ☹.

Allez, au mieux, elle est d'accord avec tout, et le poste lui correspond. Comment allez-vous conclure l'entretien ?

5) Conclusion de l'entretien

Voici les phrases (malheureusement) énoncées lors des jeux de rôles.

- *« Vous pouvez commencer quand ? »* :
  Ce qui lui laisse penser que vous l'embauchez.

- *« Vous libre quand pour un essai ? »* :
  Idem pour elle, le poste est acquis si l'essai est concluant.

- *« Vous avez des questions ? »* :
  Question fermée qui très souvent obtient un NON (pas très curieuse ou timide, surtout si vous n'avez pas annoncé le salaire et les horaires).

  Ou

- *« Merci, mademoiselle, je réfléchis et je vous rappelle la semaine prochaine »*.
  Ce qui, pour elle, veut dire que vous ne savez pas si elle correspond au poste malgré l'heure d'échange, ou si vous n'avez pas vraiment besoin de recruter.

  De plus cela vous oblige, vous, à prendre votre téléphone, soit pour lui dire NON (pas toujours très simple) ou lui annoncer qu'elle a le poste. Et douche froide pour vous, elle vous répond qu'elle n'est pas intéressée par ce travail ☹.

Et là vous devez rappeler votre deuxième choix à qui vous avez annoncé un NON alors qu'en fait c'est un OUI. Pour qui passez-vous ? ☹

Voilà ce que l'on appelle les écueils du recrutement. Et ne culpabilisez pas, nous sommes tous passés par là. Nous ne répétons que ce que nous voyons ou vivons, si nous n'avons pas été formés.

Donc formation.
Voici ma recommandation qui s'inspire de la MÉTHODE-PIERSON pour celles qui ont suivi ma formation à la vente. (Présentation de cette méthode sur mon site **www.methode-pierson.com**)

Dans l'exemple cité, l'ordre était :

1. **Première question**
2. **Curriculum vitae**
3. **Questions**
4. **Présentation du poste**
5. **Conclusion**

Nous allons changer cet ordre.

Pour quelles raisons le changer ?
N'oublions pas que le recrutement c'est comme un speed dating.
Souvent et malencontreusement, le recruteur pense avoir tous les droits, qu'il n'est pas jugé ou mis en position, aussi, de candidat.
Donc, vous, les futurs bons manageurs, vous devez aussi séduire vos candidates.

Vous devez, et on l'a vu dans le rôle du manager, être

- **Motivateur...** «*Donne envie*» de travailler pour vous, avec vous, avec l'équipe
- **Organisateur...** «*Structuré*», elle doit être rassurée sur votre organisation, votre communication, votre organisation, votre vision, etc.
- **Harmonisateur...** «*Rassemble, fédère*» elle doit sentir qu'elle sera intégrée, reconnue, et protégée par vous.

Donc l'ordre devient

1. **Première question**
2. **Présentation du poste**
3. **Questions**
4. **Curriculum vitae**
5. **Conclusion**

Oui en 2 je présente le poste, cela va vous paraître étrange (comme toutes les personnes que j'ai pu former au management).

Oui vous allez commencer par présenter le poste en 3 minutes, après une seule question de départ.

Je sais que certaines se disent : « Mais dans ce cas on lui donne toutes les infos pour qu'elle oriente ses réponses afin qu'elle corresponde au poste ». Certes, mais n'oublions pas que vous devez la mettre le plus à l'aise possible pour qu'elle réponde naturellement et sans mensonges et manipulation. Vous devez découvrir sa vraie personnalité et vous devez aussi la séduire.

Avec une présentation du poste dès le début de l'entretien, vous allez la surprendre positivement. Premièrement en étant différente de tous les autres recruteurs qui les harcellent dès le début de l'entretien de questions. Deuxièmement, en étant cash dès le début de l'entretien.

Elle ne sait pas que c'est aussi pour vous une façon de gagner du temps, et une technique pour voir comment elle va adapter ses réponses en fonction de votre demande.

N'oubliez pas que vous devez aussi mesurer sa pertinence, et sa capacité à s'adapter.

Revenons à notre première question (en dehors des questions d'accueil, sur le choix du transport pour venir, le temps du trajet, etc.)

1) **Question**

- *« Alors, Jessica, je suis ravie de vous accueillir pour le poste d'esthéticienne confirmée, mais avant de commencer, dites-moi ce qui vous a motivée à vous présenter chez Grain de Beauté ? »*
  (Ne pas dire chez moi, c'est déjà marquer votre territoire, votre propriété. Ce n'est pas très accueillant).

Réponse A

- «*Bah je suis au chômage et je voudrais un tampon pour Pôle emploi*» (si, cela existe encore ☺)
  Avec cette réponse, vous avez compris que vous allez gagner les 60 minutes d'entretien prévues.
  Vous la remerciez de sa franchise et vous la libérez.

Réponse B

- «*J'ai vu l'annonce pour un poste d'esthéticienne confirmée, je suis esthéticienne depuis 3 ans, donc je me présente*».
  Comme moi, vous sentez que cette personne n'est pas très motivée pour travailler chez Grain de Beauté, ici ou ailleurs qu'importe.

Réponse C

- «*Dès que j'ai vu votre annonce, je me suis empressée de vous appeler parce que j'ai fait des recherches sur Internet et j'adore les marques avec lesquelles vous travaillez. J'ai aussi vu votre carte de soins et globalement je suis formée pour tous les réaliser. Et je dois vous dire que la philosophie et le concept de votre centre sont en adéquation totale avec mes valeurs comme le bio, le naturel, et l'écoresponsabilité*».

- «*Je suis venue sans prévenir faire un soin hier et j'ai trouvé votre équipe très accueillante et sympathique*». «*J'ai très envie de travailler avec vous et votre équipe.*»
  Oui je sais celle-ci n'existe pas (du moins pas encore)
  Mais vous savez déjà que vous avez peut-être trouvé votre perle.
  Vous voyez avec juste cette première question ouverte vous avez déjà une idée de qui vous avez en face de vous.

Mais plus sérieusement et communément voici une des réponses que vous entendrez le plus :

Réponse D

- «*Je n'habite pas très loin, mon fils va à l'école Paul Langevin et je connais bien Guinot.*»
  Avec cette réponse il va bien sûr falloir en savoir plus. L'entretien continue.

2. Présentation du poste

Vous devez avoir préparé cette phase et reprendre dans : **Définir ses besoins** — le poste à pourvoir et les caractéristiques de l'employée que vous avez listées.

Cela donnerait :
- *« Alors, Jessica* (oui, répétez son prénom dès que vous le pouvez, cela lui donne de l'importance et crée un climat de confiance), *nous recherchons un profil de collaboratrice de votre âge, elle doit être titulaire du BP minimum, plus, bienvenue, avec une expérience, principalement sur les soins visages, corps, minceur, et massage ».*
- *« Il y aura bien sûr les différentes épilations incontournables ».*
- *« Elle rejoindra une équipe de 2 esthéticiennes, et 1 apprentie, de 19 à 38 ans ».*

Comme vous pouvez le remarquer, j'emploie le ELLE plutôt que le VOUS. Cela pour ne pas qu'elle pense que le poste est déjà acquis.
« Elle aura à gérer toutes les tâches de l'institut comme nous toutes ici, comme l'accueil des clientes, le rangement, le ménage, la réception des colis et leur rangement ».
- *« Elle portera la tenue de l'institut choisi par l'équipe ».*
- *« Les horaires sont bla bla bla ».*
- *« Le salaire dépend de ses expériences, de ses diplômes. Les primes dépendent de ses résultats de vente sur la base d'un objectif mensuel bla bla bla ».*
- *« Et la maîtrise de l'anglais est indispensable, nous avons beaucoup d'Anglaises l'été ».*

Bref vous donnez toutes les informations essentielles et incontournables lors d'un entretien d'embauche, sauf que vous le faites d'entrée de jeu.

Vous vous demandez probablement pourquoi passer 3/5 minutes à lui présenter le job si la candidate ne convient pas ?
La raison, si elle ne convient pas, c'est que c'est elle qui doit vous le dire. Et c'est plus facile que si c'est vous qui devez lui dire qu'elle ne convient pas au poste.

Et l'autre raison est de tester sa capacité à s'adapter, à correspondre aux critères du poste.

Comment enchaîner ? C'est là que commencent vos questions.

3. Les questions

La question à suivre concerne, justement, son avis sur le poste, quelle synthèse en a-t-elle fait, savoir comment elle a fait en sorte de se rapprocher du profil, avec quels mots, quels adjectifs. Je vous invite à ce moment précis à prendre en note de toutes ses réponses. Cela lui fera part de votre intérêt pour elle, et lui évitera de faire de gros mensonges puisque ses réponses sont notées définitivement noir sur blanc (nous en aurons aussi besoin en cas de litige plus tard).

Donc la question sera une question large, voire multiple.
• *« Alors, Jessica, maintenant que vous avez la description totale du poste, pensez-vous correspondre à tous les critères et pourquoi ? »*

Si vous voulez être plus directe, dites-lui simplement :
• *« Qu'en pensez-vous ? »*

Réponse courante (malheureusement) :
• *« Bah c'est bien c'est ce que je recherche ».*

Nous sommes bien d'accord qu'avec cette réponse, nous n'avons rien appris, nous ne savons même pas si elle a bien compris toutes les missions et les enjeux du poste. Rien non plus sur sa personnalité, sa capacité à s'adapter aux missions, rien sur sa motivation, etc.

Je pense que vous pouvez vous faire une idée, tristement négative, sur la personne. (Nous lui pardonnerons bien sûr si elle a 16 ans et qu'elle se présente pour un stage)

Mais vous, quelle personnalité souhaitez-vous ? N'oubliez pas que cette future collaboratrice représente votre image.

Gardez toujours à l'esprit que la candidate devra échanger avec vos clientes, vos prospects aux téléphones, vos fournisseurs.

Et qu'elle répondra de même à vos clients.

À la question d'une nouvelle cliente :
« *Bonjour, vous faites quels soins dans votre institut ?* » sa réponse risque d'être « *Bah un peu tout comme dans les autres instituts* » ☹

Il vaudrait mieux éviter ce type de réponse pour que vous puissiez avoir confiance et continuer l'entretien.
Rappel de la question : « *Alors, Jessica, qu'en pensez-vous ?* »

- « *Alors effectivement j'ai 22 ans, je suis titulaire du BP depuis 2 ans. Je compte passer mon BP en candidat libre.*
  Je sais, bien entendu, faire les soins visage, corps, minceur, et massage. Je pratique avec plaisir les épilations, même si je n'aime pas trop sur les hommes. »
  « *Je suis prête à gérer toutes les tâches de l'institut comme vous toutes ici, l'accueil des clientes, le rangement, le ménage, la réception des colis et leur rangement* ». « *C'est ce que je fais déjà à l'institut où je travaille actuellement* ».
  « *Je suis ravie d'intégrer une équipe d'âges différents, chacune aura une expérience diverse à me partager* ».
  « *Concernant l'anglais, je l'ai appris à l'école, mais je l'ai un peu oublié, puisque je n'ai pas eu l'occasion de le pratiquer* ». « *Je vais reprendre mes notes et très vite le pratiquer* ». « *Je vais surtout bien vous écouter, vous et votre équipe* ». « *J'apprends très vite, je devrais facilement pouvoir le reparler* ».
  « *Et j'ai une question, vous avez dit que le salaire était lié aux diplômes et à l'expérience. Avec mon BP et mes 2 ans d'expérience quel sera-t-il ?* »

Oui je sais, vous rêvez de tomber sur cette candidate ☺. Elle n'existe peut-être pas encore.
Mais entre la première et la deuxième réponse vous devinez la personnalité, la capacité à s'adapter au poste, sa mémorisation de votre définition du poste (et si elle a pris des notes pour ne rien oublier c'est tant mieux), sa capacité à restituer de façon positive et même sa façon intelligente de vous manipuler ☺
Oui, lorsqu'elle vous dit « *Je vais surtout bien vous écouter, vous et votre équipe* », elle est gentiment en train de vous dire qu'il ne faut pas lui en vouloir si vous-même ou votre équipe ne parlez pas anglais.

Et en plus elle finit par une question sur l'argent que peu osent poser. Vous savez qu'elle a déjà moins ce frein que la moyenne. Elle devrait être plus à l'aise avec les prix et la vente.

Voyez comment juste avec la définition du poste au préalable et une question ouverte vous pouvez vous faire une idée de la candidate.

Mais cela ne suffit pas, l'entretien n'est pas terminé. Vous devez poser toutes les questions que vous avez notées dans la phase de préparation de cet entretien. Et vous devez aussi avoir des questions spontanées et improvisées en fonction de ses réponses ou de ses questions.

Exemples de questions

- « *Qu'est-ce qui vous plaît le plus dans votre métier ?* »
- « *Qu'est-ce qui vous plaît le moins ?* »
- « *Pourquoi avez-vous choisi ce métier ?* »
- « *Vous vous voyez comment professionnellement dans 2 ans ? Dans 5 ans ?* »
- « *Par quel moyen de transport allez-vous venir travailler ?* »
- « *Avez-vous votre permis de conduire ?* »
- « *Que pensez-vous de l'application Yuka ?* »
- « *Que pensez-vous des produits bio ?* »
- « *Vous me dites être passionnée par votre métier, à quels magazines, sites et groupes esthétiques vous êtes abonnée, ou vous suivez ?* »
- « *Comment allez-vous faire pour vous intégrer à notre équipe ?* »
- « *D'après vous, que pensent vos amis, vos anciennes collègues de vous ?* »

(Et comme vous ne pouvez pas demander à une candidate si elle compte faire des enfants. Même si c'est normal qu'elle en fasse) demandez-lui plutôt :

- « *Comment êtes-vous organisée pour vos enfants ?* »

Comme vous pouvez le constater, ces questions l'obligent à se dévoiler, à en savoir plus sur ses pensées, ses choix, ses avis, sa vision du métier. Vous pouvez aussi mesurer sa capacité ou pas à s'adapter.

Exemple

Sur la question :
«Qu'est-ce qui vous plaît le moins?»

Certaines seront cash et vous diront :
• *«Moi je n'aime pas du tout épiler, c'est la tâche ingrate du métier de l'esthétique, c'est aux apprenties de le faire».*
Ou :
• *«Les épilations, ce n'est pas ce que je préfère, mais c'est une opportunité pour faire découvrir d'autres soins et essayer de vendre des produits».*
Je pense que je n'ai pas besoin de commenter ☺.

Autre technique très efficace. Lorsque vous êtes à bout de vos questions, imaginez des situations et demandez-lui comment elle les gérerait.

Exemple vécu

• *«Jessica, imaginez qu'un matin vous êtes en charge de l'ouverture du centre, mais vous cassez la clef dans la serrure, impossible d'ouvrir la porte».* *«Comment gérez-vous cette situation?»* (dans la réalité l'esthéticienne est rentrée chez elle et a appelé sa gérante une heure plus tard pour juste l'en informer).

Réponse de votre candidate :
• *«Bah je ne sais pas, si c'est impossible d'ouvrir la porte je rentre chez moi, et je vous appelle».*

Ou

• *«Je vais voir les serveurs du bar en face pour qu'ils viennent m'aider avec des outils, je mets un mot sur la porte pour dire que j'arrive, et je vous appelle».* *«Très bien et si vous tombez sur ma messagerie?».* *«Dans ce cas j'appelle votre mari, ou je cherche un serrurier sur Google pour qu'il vienne ouvrir la porte».* *«Et je vais sur notre application de rendez-vous en ligne pour prévenir les clientes».*

Imaginez plusieurs situations de ce type et je suis sûr qu'en fonction des réponses et réactions vous saurez très vite trier vos candidates.

N'oubliez pas que lors des entretiens d'embauche les candidats sont en phase de séduction et se présentent sous leurs meilleurs jours.
Donc soyez le moins impressionnante possible. Plus le candidat est en confiance, plus il se dévoile et plus vous avez de chances de savoir vraiment qui vous recrutez.
Vous éviterez les mauvaises surprises à la fin de la période d'essai.

4. Curriculum vitae

Pour rappel, à ce niveau de l'entretien, vous n'avez pas abordé le curriculum vitae.

Vous l'avez en principe déjà analysé, puisque c'est à sa lecture que vous avez décidé de recevoir votre future employée. Donc vous avez annoté ce qui vous semblait, soit intéressant, soit inopiné, soit surprenant. Vous avez naturellement en tête et notez vos questions pour structurer votre entretien (je vous confirme encore que vous êtes vous aussi en séduction pour cette postulante, il est préférable d'être perçue comme structurée et organisée).

Lors d'entretiens d'embauche sans formation préalable, le recruteur fait au plus naturel et demande au candidat de lui lire son CV.

Vous allez écouter un déroulé d'expérience chronologique, qui, de mon point de vue, ne vous apprendra rien, puisque vous l'avez déjà lu. Donc à quoi cela sert-il?

J'ai une proposition à vous faire. Nous allons nous servir du CV pour voir si notre future élue est honnête, si elle a de la mémoire, si elle sait mettre en scène sa vie professionnelle, la rendre intéressante, si elle sait valoriser de petites tâches exécutées, si elle peut justifier intelligemment des périodes de chômage dans son parcours. Ou expliquer pourquoi il y a eu une rétrogradation de poste dans son CV à certaines périodes.

Pour ce faire, vous allez au préalable lui demander de vous remettre son CV. Il ne faut pas qu'elle l'ait sous les yeux. Si elle en sort un deuxième, demandez-lui de le retourner sur la table. Il est bien trop facile pour elle de bêtement vous le lire.

Puis posez des questions, mais pas dans l'ordre chronologique.
- «Exemple pour vos 20 ans vous aviez quelle fonction, et dans quel institut?»
- «Mais après ce poste, où avez-vous travaillé et à quelle période?»
- «Et vous êtes restée à ce poste combien de mois, en quelle année?»
- «Combien de temps êtes-vous restée demandeuse d'emploi?»

Vous avez compris mon objectif, je veux voir si elle n'a pas falsifié son CV en modifiant des dates, des fonctions, de périodes à son avantage. Ce qui en soi n'est pas très grave, c'est une preuve d'intelligence pour rendre son CV plus avantageux. Mais dans ce cas il faut l'apprendre par cœur.

C'est comme si une cliente lui demandait si elle connaît les actifs de la crème X (réponse facile OUI même si c'est faux, elle va lire les actifs sur le packaging). Ou lui demandait : «Quels sont les actifs de la crème X?» sans quelle ait le produit dans les mains.

Et deuxième astuce, qui pourra vous servir en cas de litige plus tard, notez ses réponses sur son CV, à chaque emploi à chaque poste. Comme précédemment, si elle voit que vous notez c'est que vous portez de l'intérêt à ses réponses, mais surtout qu'il y aura une trace écrite de ses mensonges, s'il y en a.

Nous sommes toujours dans le chapitre curriculum vitae, mais nous allons rajouter un sous-titre :

4.1 L'Évaluation

Vérifiez. C'est la clé et on oublie pourtant souvent de le faire.

Vérifiez les références académiques. Appelez son école (on se souvient toujours des très bons et des très mauvais éléments). Vérifiez au besoin ses diplômes.

Demandez-vous comment cette personne va s'intégrer dans votre équipe actuelle. Quel rôle va-t-elle y jouer ? Comment risque-t-elle de se comporter ? Au besoin, si possible, demandez l'avis de votre bras droit.

Vous devez rencontrer un minimum de personnes avant de prendre votre décision définitive et irrémédiable (difficile de juger une personne pendant son mois d'essai, de plus, le gros de son activité se déroule hors de votre vue, en cabine...)

Pour que votre sélection soit objective, vous devez globalement avoir le même comportement, les mêmes questions, le même temps pour chacune des postulantes.

Il est nécessaire dans ces conditions d'utiliser une grille d'évaluation commune (si possible avec un système de notation de 1 à 5 par critère).

Vous pouvez, lors de l'entretien, lui demander de simuler un accueil et une vente à une cliente imaginaire. Ce sketch de vente peut être fait en même temps que son essai cabine (quels comportements, quelles attitudes, quelles questions de découverte, etc.) et bien d'autres questions du genre : comment gérez-vous une cliente mécontente, une relation conflictuelle avec une collègue ?

Avant votre phase de rendez-vous avec les candidates, vous allez élaborer votre grille d'évaluation avec vos critères personnels en fonction de vos attentes précises de votre future collaboratrice.

Si le poste est nouveau, profitez-en pour définir la candidature idéale. Listez les tâches, l'expérience souhaitée.

Si le poste existe déjà, redéfinissez-le avec précision. Précisez dans le détail tout ce que vous attendez de votre employée et que vous n'arriviez peut-être pas à obtenir de votre ancienne employée.

4.2 Grille d'évaluation

• Présentation
• Accueil du client
• Prise en charge du client
• Recherche des besoins
• Argumentation
• Présentation des services
• Connaissance des produits
• Réponse aux objections
• Conclusion
• Ventes complémentaires
• Confiance en soi
• Dynamisme
• Attitude positive
• Sens des responsabilités
• Relations avec l'équipe
• Sens relationnel avec la clientèle
• Qualités d'écoute
• Automotivation
• Respect de la hiérarchie
• Capacité aux changements
• Connaissances techniques
• Intérêt pour son secteur d'activité
• Capacité à savoir créer le besoin
• Capacité à être coach
• Sens de la propreté
• Sens du service
• Sens du rangement

Comme vous pouvez le constater, le recrutement nécessite une préparation importante, mais c'est le prix à payer pour simplement minimiser le risque d'erreurs de recrutement.

Cette responsabilité de manager est déterminante pour la bonne marche de votre affaire et la bonne entente, entre vos équipes et votre clientèle. Si votre équipe est constituée de 4 personnes, sachez que chaque personne pèse pour un quart de votre chiffre d'affaires !!! N'hésitez donc pas à y passer du temps.

P.-S. Si vous avez un doute sur une sélection, ne prenez pas de risque. Il n'y a pas de mauvaise travailleuse, mais il y a parfois des personnes au mauvais poste, ou incapables de s'intégrer à votre équipe.

Je tiens, déjà, à féliciter toutes les dirigeantes qui recrutent, c'est un signal positif de développement.

5. Conclusion de l'entretien

Ironiquement, il est courant que l'entretien soit bâclé.
Sentant venir la fin de l'entretien, vous regardez votre montre et vous êtes surprise de constater que vous avez déjà passé plus d'une heure avec cette candidate. Vous allez être en retard pour la suivante.

Vous vous précipitez alors dans la conclusion de l'entretien avec une formule directe et autoritaire du genre :
• *« Nous avons eu un bon entretien, vous n'avez pas de question ? Je vous rappelle pour vous dire si vous êtes retenue. Bonne journée. »*

J'espère qu'aucune gérante, spa-manager, responsable de salon de coiffure et c'est valable pour un boucher, un garagiste, un avocat, ne s'est reconnu dans cette recruteuse ? ☺

Gardez à l'esprit que si vous espérez une réponse intéressante il faut que votre question soit ouverte et incitative.

Avec un : *« Vous n'avez pas de question ? »*, il y a peu de chance que l'autre soit suffisamment à l'aise pour vous dire : *« Bah si justement, j'ai une question »*.

De plus, en annonçant que c'est vous qui devez la recontacter pour donner suite à l'entretien, vous vous mettez dans l'obligation de cette responsabilité.

Et vous devrez être porteuse de mauvaises nouvelles à toutes celles que vous avez reçues sauf une. Pourquoi s'infliger cela ? ⊠

La bonne conclusion sera plutôt :

* «*Jessica, je vous remercie pour cet échange intéressant* (Ce qui ne veut rien dire. Vous ne vous engagez pas. Il peut être intéressant parce que passionnant ou intéressant par ces contradictions et ces mensonges). *Quelles sont vos questions ?*» et là vous ouvrez la porte, il y a plus de chance qu'elle en pose au moins une.

Mieux encore :
* «*Jessica, je vous remercie pour cet échange intéressant, s'agissant de votre futur poste pour plusieurs années, j'imagine que vous avez mille questions ?*».
Je suis d'accord, si elle n'a pas prévu de questions elle va se sentir très mal, mais elle comprendra déjà pourquoi vous ne l'avez pas retenue, et cela sans lui dire.

Sa réponse :
* «*Non, Madame, la définition du poste était très claire, je n'ai pas de question, je vous remercie*».

Est-ce que vous avez envie de confier votre affaire, vos clientes (même partiellement) à une employée qui ne vous pose aucune question, alors qu'a priori vous n'avez pas donné les informations concernant :

1. Son contrat (nombre d'heures).

2. Son statut (de quelle convention collective elle dépend : Esthétique, Hôtellerie, Balnéothérapie, Thalassothérapie, etc.).

3. Son salaire.

4. Ses primes.

5. Son pourcentage sur le chiffre d'affaires.

6. Ses objectifs de vente.

7. Ses horaires, ses jours de travail, de vacances, si elle doit travailler certains dimanches, s'il y a des nocturnes.

8. Si elle a une cabine attitrée, un vestiaire, un coin repas.

9. S'il y a des avantages (Tickets restaurant, carte de fidélité, tarif sur les soins)

10. Si elle doit faire un essai ?

11. Est-ce qu'il y a une période d'essai ? De combien de temps ? Renouvelable ?

12. À quelle date pourra-t-elle commencer ?

13. Si vous pouvez attendre un mois pour qu'elle honore sa période de préavis ?

14. Quelles formations pourra-t-elle suivre ?

15. Quelles sont les possibilités d'évolutions dans l'entreprise ?

Et j'en oublie.

J'espère vous avoir transmis mon inquiétude lorsqu'une candidate m'annonce qu'elle n'a pas de questions. ☺

Si c'est le cas, pour qu'elle comprenne déjà que vous n'allez pas la rappeler) demandez-lui :

- *«Je ne vous ai pas annoncé le salaire, les primes, les avantages, les vacances pour ce poste, vous ne voulez pas savoir ?»*

Il est évident qu'elle va être gênée et essayer de se justifier.
La première réponse sera de lors du réflexe *«Si bien sûr»*.

Si vous n'avez plus l'intention de la sélectionner (pour ne plus perdre de temps et aussi ne pas la faire rêver pour rien), dites-lui :
« Nous en reparlerons à notre deuxième rendez-vous, si vous êtes retenue » (préparez-la déjà à votre réponse négative).

5.1 La conclusion de votre entretien

Couramment les entretiens se concluent par :
• *« Je vois d'autres candidates, je vous rappelle la semaine prochaine, comptez sur moi ».*

Et, bien sûr, le recruteur ne rappelle pas pour annoncer une mauvaise nouvelle qu'il devra en plus justifier *#tresgenant.*

Je vous invite à faire le contraire (oui je sais je nage à contre-courant dans tous mes conseils ☺)

Vous allez conclure tous vos entretiens par :

« Je vous remercie pour cet entretien passionné et passionnant, prenez le temps de la réflexion et rappelez-moi dans 2/3 jours pour me dire si vous êtes toujours intéressée et motivée par ce poste et pourquoi. »

Avec ma technique, vous venez de vous éviter une corvée et une perte de temps en rappelant toutes les candidates recalées.

Vous venez aussi d'éviter de vous prendre un affront en appelant une candidate pour lui dire : *« Jessica, j'ai une bonne nouvelle, et c'est unanime, l'équipe et moi vous avons choisie pour nous rejoindre et travailler ensemble, vous pouvez commencer quand ? »*

Et là, douche froide :
« Merci, c'est gentil, mais le poste ne m'intéresse pas. »

Et ce n'est pas fini, vous devez rappeler votre deuxième choix à qui vous avez dit non 2 heures avant pour lui dire que c'est OUI. Pas sûr qu'elle comprenne.

C'est pour cela que je vous recommande vraiment de leur demander de vous rappeler 2/3 jours après l'entretien pour mesurer leur motivation et éviter de vivre cet écueil.

Pour information
- La moins motivée vous rappellera le 3e jour.
- La moyennement motivée le 2e jour.
- La motivée le lendemain.
- La très motivée vous répondra directement à la fin de votre question face à vous.

« Je peux vous répondre immédiatement, je suis très intéressée par votre poste, il correspond exactement à mes attentes, et j'ai une très bonne impression de vous et de votre équipe ». « Je peux commencer quand ? »

À celle-ci, dites-lui que la nuit porte conseil et de vous rappeler demain si elle est toujours aussi motivée.

En conclusion, mettez toujours vos candidates en position de demandeuses.

Vous gagnerez en charisme, en temps et vous éviterez les déceptions.

Notes

IV

MOTIVER SON ÉQUIPE

« Raconte-moi, j'oublie »
« Montre-moi, je m'en souviens »
« Implique-moi, je comprends »

L'une des tâches les plus difficiles du manager reste la motivation des équipes.

Tous les nouveaux managers pensent que la motivation la plus efficace est l'argent.
Mais malgré une augmentation, une prime, un cadeau, même si le collaborateur est sur l'instant content, même s'il manifeste une motivation, elle ne sera que ponctuelle.

Pourquoi ? Parce qu'il est persuadé qu'il méritait ce geste. Que ce n'est que normal.
Et je ne dis pas que l'argent n'est pas important.
Des études (et la réalité) prouvent que l'argent est la 3e des motivations du salarié.
Nous trouverons en 2e position le fait d'apprendre.

Tout le temps où un collaborateur en apprend sur son métier, sur son poste, qu'il reçoit des conseils, de la formation, des informations, du coaching, qu'il découvre de nouvelles choses, il trouvera un intérêt à son métier et se gargarisera de ces enrichissements permanents.

Cela fonctionnera jusqu'au jour où il se rendra compte qu'il peut prendre votre poste.

Lorsque le collaborateur estime pouvoir vous remplacer, il va commencer à remettre gentiment en doute vos décisions. Il sera temps de le faire évoluer ou lui donner d'autres responsabilités pour qu'il apprenne à nouveau. Cela est normal, c'est un cycle.

Rappelez-vous votre propre expérience.

Lorsqu'une esthéticienne, par exemple, se rend compte qu'elle tient ou peut tenir l'institut seule, soit elle demande à passer responsable, soit elle ouvre son propre institut.

Il y a des chances que ce soit votre vécu ☺

Vous devez vous demander ce qui vient en premier avant APPRENDRE et ARGENT ?

J'ai une très bonne nouvelle, c'est très simple et cela ne coûte rien (en termes d'argent).

C'est tout simplement la reconnaissance (qui ne coûte qu'en termes de temps).

La reconnaissance, c'est juste savoir dire à une employée que son travail est bien fait, qu'elle a bien mené à terme sa mission, qu'elle a atteint ses objectifs, et plus simple, qu'elle est bien à l'heure, que sa cabine est très propre.

Je vous entends déjà vous dire : « *Bah ça c'est normal, je ne vais pas la remercier pour ça, il manquerait plus qu'elle arrive en retard ou que sa cabine soit sale.* »

Nous sommes d'accord, mais si vous voulez qu'elle continue il va falloir lui faire remarquer positivement que vous l'avez vue et que vous êtes contente.

Nous avons tous besoin de cette reconnaissance. La preuve, c'est que même les managers qui ne peuvent pas l'obtenir de leurs supérieurs parce qu'ils n'en non pas, la recherche auprès de leurs salariées, leurs clientes, ou leurs fournisseurs.

Pourquoi demandez-vous en fin de soin esthétique, ou après une prestation coiffure, à vos clients :
• « Ça a été ? »,
• « Ça s'est bien passé ? »,
• « Ça vous va ? »,
• « Ça vous plaît ? » ?
Eh bien juste pour les entendre vous dire du bien, de vous ou de votre prestation.

Exemple :
• « Vous avez des mains en or, je me sens beaucoup mieux, j'en avais vraiment besoin, etc. »
• « Vous êtes une magicienne »

Ou lorsque pour conclure une réunion de travail avec vos équipes vous leur demandez ce qu'elles pensent de votre projet, de votre plan, du référencement de la dernière marque partenaire, de vos acquisitions, si ce n'est, bien sûr pour les impliquer, mais aussi pour qu'elles vous encensent.

Pourquoi nous, les formateurs, nous vous demandons en fin de formation votre avis ?
Pourquoi nous avons des phrases de conclusion qui vous poussent à applaudir le formateur ?

Avant d'aborder les règles de la motivation, comprenons comment cela fonctionne.

Extrait d'une étude sur la motivation

Questions posées lors de cette étude.
Selon vous, qu'est-ce que la motivation ?

<u>Voici les réponses obtenues :</u>
- L'envie de se dépasser
- La passion, le dynamisme
- La volonté d'aller de l'avant
- La force qui nous pousse
- Les objectifs qu'on a envie d'atteindre
- Un but, un challenge qu'on se donne
- Cela permet de passer les moments difficiles

<u>Selon vous, comment se sent-on quand on est motivé ?</u>
- Plein d'énergie
- Sûr de soi
- Rempli d'enthousiasme
- Fort et peu vulnérable
- Content de soi
- On a envie d'agir
- On est en accord avec soi

Au vu de ces réponses et de l'état déclenché juste par la motivation, j'imagine que vous aussi, vous avez envie d'être dans cet état. Et de surtout pouvoir le transmettre à vos équipes.

<u>Comment ?</u>
Sachez qu'avant même d'avoir ouvert la bouche à l'arrivée de votre salariée, vous allez, en fonction de votre apparence et de votre attitude, déjà avoir une incidence sur sa motivation.

1 Attitude et perception positives

Suivant votre comportement, votre posture, vos mimiques, votre sourire ou pas, votre aspect, vos vêtements, bref tout ce qui permet de communiquer par le langage non verbal.

Vous allez envoyer des messages de manager positif ou de manager négatif. Commençons par le :

Manager « Positif »

Image de soi :
- Elle est positive : « Je ne fais pas mes 45 ans ».
- Elle se complimente.

Attitude physique :
- Elle est active, elle sourit.
- Elle prend soin d'elle.

Comportement face à la vie :
- Elle est optimiste et vit dans l'espoir.
- Elle cherche ce qui est bien.

Comportement envers les autres :
- Elle est centrée sur les autres : « on ».
- Elle a une bonne opinion des autres.
- Elle fait confiance et fait progresser son entourage.

Comportement face aux situations difficiles :
- Elle se sent responsable et cherche des solutions.
- Elle affronte les situations et cherche des moyens.
- Elle agit.

Manager « Négatif »

Image de soi :
- Elle est négative : « Quelle sale tête j'ai ce matin ».
- Elle se critique.

Attitude physique :
- Elle est passive, elle soupire.
- Elle se néglige.

Comportement face à la vie :
- Elle est pessimiste et vit dans la peur.
- Elle centre son attention sur ce qui n'est pas bien.

Comportement envers les autres :
- Elle est centrée sur elle-même : «je».
- Elle a une mauvaise opinion des autres.
- Elle ne fait pas confiance et rabaisse son entourage.

Comportement face aux situations difficiles :
- Elle se sent victime et reste sur les problèmes.
- Elle essaie de fuir les situations et trouve des excuses.
- Elle subit.

Sans commentaire, à vous de savoir quel manager vous devez être ☺
Même si vous avez des difficultés, que vous rencontrez des problèmes familiaux, des problèmes de trésorerie que la vie nous réserve, vous devez prendre sur vous et avoir une attitude positive.

Sachez que le doute est contagieux, et que si vous doutez, elle doutera.

Notes

V

LA MOTIVATION

A La pyramide de Maslow

Qui est Abraham Maslow ? (Wikipédia)
Abraham Harold Maslow, né le 1er avril 1908 à New York et mort le 8 juin 1970 à Menlo Park en Californie, est un psychologue américain humaniste, considéré comme le père de l'approche humaniste en psychologie. Il est connu pour son explication de la motivation par la hiérarchie des besoins humains, souvent représentée par la suite sous la forme d'une pyramide.

Les étages de la pyramide se présentent ainsi : (Wikipédia)
1. À la base, **les besoins physiologiques** (tels que la faim, la soif) ;
2. Ensuite, **les besoins de sécurité** et de protection (tels que le désir d'un toit ou d'une bonne assurance). Ces deux aspects assurent la survivance physique d'une personne ;
3. Puis viennent **les besoins d'appartenance, besoins sociaux** qui reflètent la volonté de faire partie d'une famille, d'un groupe, d'une tribu ;
4. Ensuite arrivent **les besoins d'estime de soi** (qui permettent de se regarder dans le miroir le matin) pour les besoins psychologiques ;
5. Enfin, apparaissent au sommet de la hiérarchie, **les besoins de s'accomplir**.

5
Besoin de
s'accomplir
Développer ses
connaissances, ses valeurs

4 - Besoin d'estime
Sentiment d'être utile et d'avoir
de la valeur, conserver son identité

3 - Besoin d'appartenance
être aimé, écouté, compris, estime des autres
faire partie d'un groupe, avoir un statut

2 - Besoin de sécurité
Se sentir en sécurité, faire confiance

1- Besoin physiologique
Faim, soif, survie, sexualité, repos, habitat

LA PYRAMIDE DE MASLOW

B Les facteurs de motivation

Comment transposer la pyramide de Maslow pour votre équipe ?

Les besoins physiologiques
boire, manger, se chauffer, le repos, etc.

Se rapprochent au travail de :
• Travailler dans des locaux agréables : lumière, température, vestiaire, commodités.
• Disposer d'un poste de travail bien équipé.
• Disposer d'instruments de travail adaptés.
• Éviter des efforts inutiles.
• Percevoir un salaire régulier.

Les besoins de sécurité
un toit, des vêtements, protection, etc.

• Travailler dans une entreprise solidement établie.
• Croire à la durée de son emploi.
• Avoir confiance en son employeur.
• Être sûr que les promesses faites seront tenues.
• Se sentir écouté.
• Fiabilité des instruments de travail.
• Avantages sociaux sécurisants.

Les besoins d'appartenance, besoins sociaux
affection, faire partie d'une famille, d'un groupe, d'une tribu

• Se sentir « appartenir » à l'entreprise.
• Se sentir intégré à une équipe.
• Être informé : objectifs, décisions.
• Être aimé, apprécié, respecté.
• Communiquer avec les autres.
• Participer à des formations de l'entreprise.

Les besoins d'estime, de reconnaissance :

les besoins psychologiques, estime, reconnaissance

- Être valorisé, apprécié pour soi-même (sa personnalité, ses compétences...).
- Se sentir unique et important (compliments reçus, participation demandée...).
- Avoir du succès, réussir.
- Jouir de la confiance de son employeur.
- Apprendre et découvrir de nouvelles choses.
- Avoir de nouvelles responsabilités.

Besoin d'épanouissement

- Être à adéquation avec la politique de l'entreprise.
- Se retrouver dans les valeurs de la société.
- Trouver la plénitude avec ses collègues, ses clients.
- Évoluer personnellement.
- Être heureux d'aller travailler.

Maintenant que vous en savez plus sur les motivations du collaborateur au travail, nous allons définir et mettre en place les leviers de la motivation.

C Les 10 moyens simples de motiver votre personnel

1. Remercier personnellement pour un bon travail, oralement ou par écrit. Faites-le souvent et sincèrement.

Rien de plus simple pour motiver son collaborateur que de lui dire : *« Génial » « Bravo », « Super » « Merci pour ce que vous avez fait », « J'ai vu votre poste de travail, il est très bien rangé », « J'ai vu votre dernière vente hier soir, bravo ».*

Vous voyez c'est aussi simple que cela. C'est comme recevoir un compliment. Et vous, à quand remonte votre dernier bravo ou merci ? Cela ne coûte rien à vos enfants, votre conjoint de vous le dire ou de vous faire remarquer une chose positive : *« J'ai vu que tu as fait les courses, merci beaucoup », « Merci pour le plein d'essence dans la voiture, c'est gentil », « Merci, maman, pour mes céréales ».*

Cela vous permet de voir que l'autre a remarqué ce que vous avez fait pour lui et vous redonne l'envie de le refaire pour obtenir un autre merci ou un bravo. Pour vos collaborateurs, c'est pareil.

Quelques règles :
- Vous pouvez les faire oralement.
- Autant de fois que vous remarquez du positif.
- Vous pouvez les faire en public (devant les collègues et suivant le • cas devant les clients, ils n'en auront que plus de portée).

Exemple :
« Je tiens toutes à vous remercier pour l'atteinte de notre objectif de chiffre d'affaires de 8000 € de ce mois que nous avons dépassé de 750 €. Bravo à toutes, mais j'aimerais remercier tout particulièrement Joyce qui à elle seule a réalisé un tiers de ce CA. Je vous demande donc d'applaudir Joyce sans qui vous n'auriez pas pu toucher vos primes. »

Voilà un feed-back positif qui valorise l'équipe, mais avec une mention particulière pour celle qui a fait un effort plus important.

Si nous ne le faisons pas, nous risquons de vexer Joyce qui pensera ou pire débriefera avec le reste de l'équipe en rappelant elle-même qu'elle a fait un tiers du chiffre, et que sans elle, elle aurait été la seule à toucher sa prime. Ce qui aura un effet négatif vis-à-vis de ses collègues.

Alors que si c'est vous qui l'annoncez en même temps que vous les félicitez, le même message est passé sans rancœur vis-à-vis de Joyce.
Vous allez bien sûr donner envie à chacune d'être un jour félicitée de la sorte.

2. Prendre le temps de rencontrer les employé(e)s et de les écouter.

Il est très important d'instaurer une communication avec l'équipe, mais attention.
Nous avons tous tendance, au début de notre prise de poste de responsable, ou à la création d'une équipe à vouloir être omniprésent, être disponible instantanément avec nos collaborateurs. Nous laissons la porte ouverte pour leur garantir notre disponibilité. Nous voulons leur donner des réponses sans attendre. C'est une façon pour nous de leur faire constater que nous sommes là pour les aider, que nous sommes impliqués, motivés, dynamiques, réactifs, bref le manager parfait... Mais c'est une erreur.

Au début, vous et vos collaborateurs trouverez cela génial, mais vous allez vite vous rendre compte qu'ils vous solliciteront pour un oui ou pour un non. C'est une façon pour eux de se donner de l'importance, de faire voir qu'ils travaillent, et aussi, de faire passer le message auprès de leurs collègues qu'ils ont un lien particulier avec vous.

Avec cette accessibilité fort sympathique au demeurant, vous les incitez à vous solliciter pour un rien.
• *« Claire, je ne trouve pas les serviettes, vous savez où elles sont ? »*
• *« Claire, vous savez quand nous allons être livrés de la cire, il y en a plus ? »*
• *« Claire, vous avez fait le planning de nos vacances ? »*
• *« Claire, on travaille le dimanche avant Noël ? »*

Vous avez compris que vous êtes en train de vivre encore les écueils du gentil manager.

Pourquoi ?

Parce que comme pour une enfant ou un mari, il est plus facile de demander à maman plutôt que de chercher, réfléchir, trouver des solutions, venir avec des propositions, etc.

C'est ce que l'on appelle «la charge mentale». On vous rajoute des tâches, des actions, des missions, ou simplement des réponses à trouver très vite. Je ne veux pas comparer vos collaborateurs à des enfants, mais... Alors, comment faire pour les écouter de façon constructive ?

Premièrement, vous allez instaurer **les rendez-vous d'évaluation** de début d'année.

Avant même de signer le contrat de travail avec vos futurs collaborateurs, vous les informerez de ce rendez-vous d'évaluation de début d'année. Il aura pour objectif de faire le point sur les avancés professionnelles, sur les points positifs et sur les points d'amélioration (c'est comme cela que l'on appelle «les points négatifs»), mais cela est plus acceptable ☺

Et c'est aussi à ce moment-là que vous traiterez les demandes incessantes de vos chers collaborateurs livrées en vrac toute l'année.

Exemple :
- «Claire, j'aimerais vous voir pour une augmentation.»
- «Claire, cette année je veux partir en vacances en juillet.»
- «Claire, j'ai besoin de mon samedi, je suis témoin au mariage de ma meilleure amie.»
- «Claire, je ne comprends pas pourquoi Julie a plus de prime que moi.»
- «Claire, je vaudrais faire une formation de prothésiste ongulaire à 3000 € s'il vous plaît.»
- «Claire, j'aimerais revenir aux 25 heures.»

Avec ce rendez-vous prévu annuellement, vous aurez deux réponses possibles qui vont vous faire gagner en temps (donc en énergie, en organisation, et en argent).
- «Joy, pourquoi vous ne m'en avez pas parlé en janvier lors de notre rendez-vous d'évaluation annuel ?» ou

« Joy, notez-le, nous en reparlerons en janvier lors de notre rendez-vous d'évaluation annuel ».

Voilà pour les demandes importantes et très souvent personnelles.

Deuxièmement

Pour les demandes concernant l'organisation du quotidien, je préconise le briefing du matin.

Commencez la journée par un rendez-vous de 5 minutes montre en main avec toute l'équipe si possible (si une collègue ou une partie de l'équipe commence plus tard, prévoyez un deuxième briefing de 5 minutes à l'heure du déjeuner ou en fin de journée pour le lendemain).

L'objectif de ce briefing est de donner toutes les informations pour l'organisation de la journée, avec les objectifs de tous.
Le style peut être militaire (phrases directes sans fioritures).

Exemples :
« Bonjour, Mesdames (on évite le bonjour les filles qui vous met en position de mère et c'est aussi pour cela qu'elles vous dérangent pour savoir où est le PQ) ».

Donc :
« Bonjour, Mesdames, ou bonjour l'équipe,
- *Aujourd'hui c'est la sainte Charlotte, pensez à la souhaiter à madame Renard.*
- *Il va pleuvoir cet après-midi, Sonia, préparez le sceau à parapluies et de quoi essuyer le sol.*
- *Nous attendons une livraison de la marque X, Sarah, vérifiez bien que le nombre de cartons soit bien le bon et qu'ils ne soient pas ouverts ou déchirés, sinon faites-le noter ou refusez la commande.*
- *Comme annoncé, j'attends une candidate à 10 h, accueillez-la comme une cliente et venez me chercher lorsque vous l'aurez installée en salle de repos ».*
« Quelles sont vos questions ? »

Ce n'est qu'un exemple à adapter chaque jour et c'est grâce à ce moment qu'elles vont prendre le temps en amont de préparer les questions qui vous auraient dérangées toute la journée. Vous les obligez à s'organiser, se structurer, et à anticiper, etc.

Vous verrez qu'après quelque temps les questions inutiles vont disparaître. S'il y a des questions, vous apportez une réponse ou une solution (nous verrons en troisièmement comment.)

Si vous n'avez pas de question, vous concluez par un rappel des objectifs de vente de la journée.

Exemple :
Objectif de groupe : «*Mesdames, hier, il manquait 200 € pour atteindre l'objectif de la journée en vente. Je les rajoute à celui d'aujourd'hui qui devient par conséquent 900 €. Soit 225 € chacune, ce qui représente moins de quatre crèmes à vendre pour chacune d'entre vous. Bonne journée*»

Vous ne pouvez pas y croire en lisant ces lignes, vous trouvez que c'est trop directif, que vous êtes exigeante, qu'elles ne vont plus vous aimer, mais elles vont adorer.

Chaque personne salariée, ou pas, a besoin de savoir où aller, besoin de savoir ce que l'on attend d'elle. Avec ce type de briefing où vous donnez les lignes, les objectifs, la marche à suivre, vous répondez à ces attentes (vous pouvez faire ce brief autour d'un café ou un thé pour garder de la convivialité).

Troisièmement

Que faire avec les questions qui n'ont pas pu être traitées au briefing ou en entretien annuel ? Les questions organisationnelles du type :
- «*Claire, madame Renard n'est pas arrivée pour son soin de 11 h, je fais quoi ?*»
- «*Claire, il n'y a plus de cire, je fais quoi ?*»
- «*Claire, il y a une livraison, je la réceptionne ?*»
- «*Claire, il y a un monsieur pour une épilation intégrale, je lui dis quoi ?*»

J'imagine que vous n'avez qu'une seule envie, leur répondre.

Mais c'est la dernière chose à faire. Si vous donnez systématiquement une réponse à une question, vous les incitez, sans le savoir, à venir répéter éternellement les mêmes questions toute leur vie de salariées chez vous.

Comment gérer ces questions simples ?

Afin de ne pas être condamnée à donner éternellement des réponses qu'elles connaissent, vous allez les mettre en réflexion pour qu'elles trouvent elles-mêmes les réponses.

Exemple :

« Claire, madame Renard n'est pas arrivée pour son soin de 11 h, je fais quoi ? »

1re réponse type :
- *« Vous feriez quoi si je n'étais pas là ? » « Eh bien je l'appellerais pour savoir à quelle heure elle arrive et peut-être reporter son rendez-vous ? »*

2e réponse type :
- *« Vous attendez quelle réponse de ma part ? » « Savoir si je peux l'appeler pour savoir à quelle heure elle arrive et peut-être reporter son rendez-vous ? »*

3e réponse type :
- *« Et quelles solutions me proposez-vous ? » « Je l'appellerais bien pour savoir à quelle heure elle arrive et peut-être reporter son rendez-vous ? »*

Vous venez de comprendre qu'elles posent des questions tout en ayant les réponses, c'est soit pour elles une façon de se rapprocher de vous et de vous faire voir tout le travail et les tâches qu'elles effectuent, soit par manque de confiance en elles.

Donc si vous voulez qu'elles prennent confiance en elles et deviennent autonomes, il faut leur faire trouver les réponses.

Vous les émanciperez professionnellement.

Je ne vous cache pas qu'elles trouveront le moyen de vous le faire savoir pour toujours obtenir votre reconnaissance et votre approbation.

Exemple :
- «J'ai appelé madame Renard parce qu'elle était vraiment en retard et j'ai reporté son rendez-vous à demain, je lui ai rappelé que la prochaine fois on lui compterait le soin».
  Voilà sa façon de vous le faire savoir, pour vous en informer bien sûr, mais surtout parce qu'elle attend de la reconnaissance de votre part avec un :
- «Très bien, Jessica, vous avez très bien fait, merci».

- **«Claire, il n'y a plus de cire, je fais quoi?»**
- «Vous feriez quoi si je n'étais pas là?» ou
- «Vous attendez quelle réponse de ma part?» ou
- «Et quelles solutions me proposez-vous?»

- **«Claire, il y a une livraison, je la réceptionne?»**
- «Vous feriez quoi si je n'étais pas là?» ou
- «Vous attendez quelle réponse de ma part?» ou
- «Et quelles solutions me proposez-vous?»

- **«Claire, il y a un monsieur pour une épilation intégrale, je lui dis quoi?»**
- «Vous feriez quoi si je n'étais pas là?» ou
- «Vous attendez quelle réponse de ma part?» ou
- «Et quelles solutions me proposez-vous?»

3. Soutenir vos employés tout au long d'un travail

Si vous confiez à votre équipe la mission de récupérer les emails de toutes les clientes parce que vous voulez faire un e-mailing en fin.

Je suis sûr que le lendemain au moment du briefing du matin, lorsque vous leur poserez la question, elles vous diront qu'elles n'ont récupéré que quelques emails.

Sachez que si vous ne posez plus la question chaque jour, attendez-vous à ce que 3 mois après (au moment du e-mailing que vous avez prévu) elles vous annoncent : «Bah pas beaucoup, parce que vous nous avez plus posé la question, nous avons pensé que ce n'était plus important».

Vous aurez tendance à leur en vouloir et vouloir leur donner des noms d'oiseaux, mais sachez que c'est de votre faute. C'est à vous de les soutenir tout au long d'une mission.

Il faut instaurer de la régularité dans le suivi de la mission.
L'idéal est de le faire à chaque briefing du matin.

Exemple :
- « Alors, Mesdames, combien d'emails avez-vous récupérés hier ? »
- « Trois, Claire »
- « Mais je ne comprends pas, hier nous avons eu 10 clientes, pourquoi n'en avez-vous récupéré que 3 ? »
- « Eh bien parce que 5 étaient d'anciennes clientes et 2 étaient déjà dans le logiciel de caisse, nous avons donc les 10 »
- « Bravo, Mesdames, c'est parfait, mais avons-nous tous les emails des anciennes clientes dans le fichier, et sinon, comment pouvez-vous les récupérer ? »

Voilà comment on soutient les employées tout au long d'un travail.

4. Reconnaître et récompenser les meilleurs

Même si vous considérez qu'il est normal que vos équipes atteignent leurs objectifs, il n'en demeure pas moins que chacune de vos collaboratrices s'attend à de la reconnaissance, mais aussi à être récompensée lorsqu'elle se distingue du reste de l'équipe.

Qu'entend-on par récompense ? Il y a bien sûr les primes ou le pourcentage sur objectif de vente, mais cela est pour elles déjà un acquis.

La récompense sera en plus, mais pas forcément en termes d'argent. Offrez à celle qui s'est distinguée un bon cadeau pour faire un soin dans un Spa concurrent (vous en profiterez pour lui demander de faire un débriefing auprès de l'équipe de son expérience avec les plus et les moins). Cela vous permettra de vous adapter en fonction et donnera envie au reste de l'équipe d'être aussi récompensé.

Autres idées de récompenses :
Un bouquet de fleurs qui l'attend dans sa cabine, une boîte de chocolat, un mot de votre main dans son casier, la possibilité de partir une heure plus tôt ou d'arriver une heure plus tard si le planning le permet (le temps gagné sur le temps est un vrai cadeau), une invitation à vous accompagner à un salon, une conférence, une formation sur votre métier.

5. Informer des objectifs de la société
Expliquer le rôle de tous à chacun

Si vous voulez obtenir une cohésion entre vous et l'équipe, il faut les informer de vos décisions. Vous ne pouvez pas annoncer au briefing du matin : *« Ah ! Mesdames, je voulais vous dire que je viens d'acheter un autre institut en centre-ville »* ou *« Je viens de recruter votre responsable qui commence lundi »*.
Vous risquez de les faire paniquer, elles se sentiront trahies par votre manque d'implication.

Bien sûr, vous tenez les rênes et décidez de tout, mais il y a la façon d'annoncer les choses en les impliquant et en définissant les rôles dès que possible.

Exemple :
« Mesdames, j'ai une excellente nouvelle à vous annoncer. Comme vous le savez, notre institut a atteint sa rentabilité maximum, nous ne pouvons plus accueillir de nouvelles clientes et notre panier moyen est déjà très élevé. Comme nous ne pouvons pas agrandir l'institut, nous allons devoir en créer ou en reprendre un.
Je pense qu'il serait judicieux, pour toucher une clientèle avec plus de budget, qu'il soit en centre-ville. Je commence les recherches dès le mois prochain. J'aurai besoin d'une responsable pour manager celui-ci et de 2 esthéticiennes pour le nouveau. Qui aimerait travailler dans notre futur institut en centre-ville » ?
« Qu'en pensez-vous » ?
Voilà une façon positive de les informer et de commencer à parler des futurs rôles.

6. Impliquer les employés dans les décisions. La participation équivaut à l'engagement.

Vous avez certainement choisi d'être responsable ou gérante pour enfin pouvoir décider seule, comme vous le souhaitez, de toutes les actions et décisions liées à votre affaire. Mais sans implication des équipes, vous leur donnerez l'impression de les exclure de l'évolution du centre, qu'il n'y a que la direction qui décide et qu'elles sont les simples exécutantes. Et si cela est le cas, elles se démotiveront et mettront des freins à vos décisions en n'exécutant pas les bonnes actions.

Exemple :
« Mesdames, aujourd'hui il doit y avoir une livraison d'une marque de maquillage bio que j'ai commandée au salon de l'esthétique. Pensez à la mettre en rayon, et bien lire le book de présentation. Je compte sur vous »

Vous pensez avoir bien fait, mais, elles, comment le vivent-elles ?
Elles vont exécuter l'ordre, mais sans plus. Elles seront curieuses d'ouvrir les cartons pour découvrir cette marque, mais même si elles la trouvent intéressante, jolie, cohérente avec des réponses aux attentes de la consommatrice, elles vont chercher les points négatifs et penser que le choix des teintes n'est pas le bon, que vous en avez trop commandé d'une référence, mais pas assez d'une autre, que le prix est trop cher, etc.

Même si elles ne vous l'expriment pas, elles se sentent exclues, elles vont mettre les produits en linéaire tel que demandé, mais ne mettront pas les étiquettes de prix par exemple, juste pour gentiment se venger de ne pas avoir été sollicitées par le choix.
Et elles ne feront rien ou pas grand-chose pour la vendre.

Pour celles qui ont des enfants, c'est comme si vous choisissiez un type de vacances sans en parler avec eux au préalable.

Exemple :
« Les enfants, cette année, nous partons en randonnée d'une semaine avec un âne dans le Pyrénéen, on fera du camping sauvage ».

Imaginez la réaction de certains.

Comment faire pour impliquer vos équipes (et vos enfants) ?
Il faut les faire participer, réfléchir à la décision. Et cela même si vous avez déjà fait vos choix.
« Mesdames, la clientèle ne veut plus de nos marques de maquillage sous prétexte qu'elles ne sont pas bio. » « Qu'en pensez-vous ? ».

Il y a de forte chance qu'elles soient d'accord avec vous (vous leur donnez une excuse pour ne pas bien les avoir vendues jusque-là).

« Oui c'est vrai, Claire, elles veulent que du bio maintenant, surtout depuis qu'elles testent tout avec l'application Yuka » « Donc vous pensez que ce serait plus judicieux de remplacer nos marques de maquillage (ou de les écouler avec une promo) et de référencer une nouvelle marque bio ? ». Là vous venez de gagner leur accord sur le référencement de votre marque (celle que vous avez déjà choisie seule ☺)

Et, vous n'avez plus qu'à continuer vos questions pour les faire participer. À vous d'orienter vos questions en fonction des réponses que vous souhaitez.

Exemple :
« Mesdames, vous préférez une marque à petit prix où l'on va attirer que des clientes à petit budget ou des prix moyens qui correspondent plus à notre clientèle actuelle sur laquelle la marge sera plus importante, donc vos commissions aussi ? ».

Et vous continuez vos questions orientées jusqu'à arriver à la marque que vous avez déjà sélectionnée.

Avec ce type d'implication, elles se sentent importantes, à l'écoute et donc impliquées et elles auront hâte de voir les produits arriver, de les étiqueter, de les mettre en avant et d'en parler aux clientes avec pour objectif de les vendre ☺

7. Leur donner des possibilités de progresser et d'apprendre de nouvelles techniques.

Nous avons tous envie d'apprendre, d'en savoir plus, d'évoluer. Mais nous n'avons pas tous le courage de le faire seul. Mais que se passe-t-il lorsqu'une collaboratrice rentre dans sa routine professionnelle ?

Arriver à l'heure, se changer, préparer sa cabine, le centre, le soin à suivre, le café avec les collègues, l'accueil de sa première cliente, pratiquer son soin, et cela plusieurs fois par jour, puis le nettoyage de la cabine, du centre, se changer et quitter son travail, et cela tous les jours de tous les mois de toute l'année et pendant plusieurs années. Elle vient de rentrer dans sa routine interminable sans variante, sans nouveauté. La phase suivante devient l'ennui et le dégoût de son travail.

Et malheureusement il n'y a pas de remise en cause, la solution naturelle pour elle est de changer d'institut, ou directement de travail. Elle démissionnera.

Vous devez me trouver pessimiste, mais j'ai constaté, et cela depuis bientôt 25 ans de formation, que les gérantes d'instituts vieillissaient avec moi, mais que les salariées avaient toujours 25/30 de moyenne d'âge.

Vous avez dû aussi remarquer qu'il y a peu d'esthéticiennes de plus de 40 ans toujours salariées ? Soient elles sont devenues responsables, ou gérantes, soit elles ont changé de métier. Deux raisons à cela. Le salaire, et l'ennui.

C'est pour cela, si vous souhaitez garder vos équipes, qu'il faut « leur donner des possibilités de progresser et d'apprendre de nouvelles techniques ».

Comment ?
1. Dès l'arrivée d'une nouvelle collaboratrice, il faut la former à votre concept, vos protocoles, le parcours client, les rituels. Remettez-lui votre bible de l'institut avec toutes les consignes.
   Donnez-lui sa lettre de mission pour qu'elle sache ce que vous attendez d'elle.

2. Faites-lui suivre des formations marques (cosmétique et soins).
3. Faites-lui suivre des formations en fonction des besoins (vente, management, réseaux sociaux, accueil VIP, et tous les soins techniques pour la rendre polyvalente, etc.).
4. Coachez-la au quotidien (nous parlerons de coaching plus loin dans le livre).
5. Abonnez-la à des magazines professionnels et des comptes Facebook pros.
6. Offrez-lui des livres sur le métier.
7. Invitez-la à venir avec ou sans vous, sur des salons professionnels, des conférences, des Webinaires, des réunions de marques, des lancements.
8. Offrez-lui des soins dans des spas ou chez des concurrentes pour comparer ou prendre des idées, etc.
   Bref, lui donner de quoi évoluer sans s'ennuyer.

8. Leur donner un sentiment de propriété de leur travail

Pour que vos collaboratrices se sentent bien, il faut qu'elles se sentent chez elles.
Pas évident lorsqu'elles savent que c'est votre institut, et que c'est vous qui gérez l'affaire et réglez les factures.

Le premier réflexe sera de ne plus commencer vos phrases par JE, mais par NOUS.

Plutôt que de dire : «*Je vais faire en sorte que l'objectif soit atteint*», dites : «*Nous allons faire en sorte que l'objectif soit atteint*».

C'est déjà une façon de leur donner un sentiment d'appartenance à l'institut.
- Vous pouvez aussi leur commander des cartes de visite au nom de l'institut avec seulement leur prénom et le numéro de téléphone de l'institut (même si elles en ont très peu l'usage.) En société elles seront très fières de les distribuer. C'est un signe de propriété de leur travail.
- Vous pouvez créer des badges pour chacune avec son prénom et sa fonction.

- Si elles ont des vestiaires individuels, accolez aussi leur prénom sur la porte.
- Achetez des mugs avec leur prénom.
- Parlez d'elles devant elles à vos clientes et fournisseurs en rappelant que vous êtes une équipe et que sans elles rien ne serait possible.

9. Créer un cadre de travail ouvert. Encourager les suggestions.

Dès que vous pouvez, demandez leur avis sur les actions à mener (même si vous avez déjà tout prévu). Leur avis sur le nombre de références à commander pour une nouveauté par exemple.
« Mesdames, que pensez de ce dernier sérum triple actions ? » « J'en commande combien ? ».

Si le nombre est trop bas par rapport à vos prévisions, reposez une question orientée :
« Vous me dites 6, mais nous sommes trois à les vendre, vous pensez que nous ne sommes pas capables d'en vendre plus de 2 en un mois par esthéticienne ? »
ou
« Nous faisons chacune au moins 2 soins du visage par jour, soit 40 par mois, vous pensez convaincre combien de vos clientes peaux matures sur ce produit en un mois ? »

Et là, par magie leur nombre va augmenter, et à l'arrivée de la commande vous n'avez pas besoin de leur demander de les vendre, elles se sont déjà engagées. ☺

- Encourager les suggestions en leur demandant quelles actions commerciales ou promotionnelles vous pourriez faire pour la Saint-Valentin, Noël, la fête des mères et des pères, etc.
- Ou comment récupérer les emails des clients pour un emailing.
- Comment obtenir plus de followers sur les réseaux sociaux.
- Quelles idées elles ont pour que la carte de fidélité soit plus attractive.

En encourageant les suggestions, vous instaurez un climat de confiance et d'ouverture. Vous allez favoriser l'implication et obtenir des idées incroyables auxquelles vous n'auriez jamais pensé (encore plus avec la génération Y ultra connectée, celle née après 2005).

10. Célébrer les succès de la société ensemble.

Eh oui, il faut célébrer les succès ensemble, ils sont plutôt rares.
Ce sont les mois ou les années où le chiffre d'affaires a été atteint.
Ou celui des animations ou concours que vous avez organisés.

En tant que manager on intervient plus lorsque les choses ne vont pas, nous sommes souvent dans la réprimande, le reproche, la déception.

Nous levons vite les yeux au ciel, nous utilisons notre index en signe de reproche, nous regardons notre montre à l'arrivée d'une collaboratrice. Toutes ces petites remarques finissent par miner le moral de vos collaboratrices, alors, pour compenser, célébrez les succès. Ces moments-là resteront gravés de façon positive dans l'esprit de vos collaboratrices et ces souvenirs permettront de passer les moments difficiles.

Voilà les 10 moyens simples de motiver votre personnel.

Maintenant que vous les connaissez, vous pouvez peut-être comprendre pourquoi vous avez eu trop de turnovers, trop d'absences, trop de mauvais états esprit jusque-là et je ne dis pas que tout est de votre faute, bien sûr. Vous n'aviez pas les règles. ☺

D Les 10 raisons de démotivation

1. Un travail routinier.

Avec la retraite à 64 ans et, en ayant commencé son métier à 16 ans, une esthéticienne doit travailler 48 ans, 48 ans à faire des soins à raison de 5,5 par jour, soit environ 58 000 soins en une vie de travail.

Comment y parvenir sans s'ennuyer, sans trouver cela rébarbatif ?

Vous l'avez compris, il va falloir pimenter ses journées de travail pour tenir chaque jour, chaque mois, chaque année.

Dès que vous pouvez, confiez-leur des missions à exécuter, des responsabilités, de nouvelles clientes, si elles sont plusieurs faites tourner les tâches chaque semaine.

Exemple :
Si elles sont trois, trouvez 3 tâches comme :
1. Responsable de la propreté de l'institut ;
2. Responsable de l'ouverture de l'institut ;
3. Responsable des petits réassorts (consommables, lingettes, cotons, cires, café, thé, papier hygiénique, etc.).

Et chaque semaine, faites tourner les responsabilités.
• Envoyez-les en formation.
• Organisez des réunions de brainstorming, d'information, de briefing, d'animations, etc.
• Donnez-leur de la lecture sur le métier en leur demandant une synthèse à présenter au reste de l'équipe.

Bref, faites varier les plaisirs pour éviter l'ennui et la routine au risque de les perdre.

2. Un travail sans responsabilités.

Beaucoup ne souhaitent pas de responsabilités par peur de ne pas y arriver, mais après quelque temps, elles se sentent plus en confiance et ne comprennent pas pourquoi c'est vous ou votre responsable qui assurez les misons les plus importantes. Cela crée un sentiment d'infantilisme, elles peuvent penser que vous les considérez immatures, incapables.

Pour éviter cela, confiez-leur au début des missions mineures pour les tester. Elles se feront un plaisir de les réussir. Vous allez créer un climat de confiance, vous allez les rendre plus professionnelles et faire grandir leur leadership.

Exemple de tâche qu'elles auraient refusé au début, mais qui les rendra plus responsables : aller déposer l'argent de la recette (chèques et espèces) à la banque au coin de la rue.

C'est une récréation et une responsabilité, que du bonheur pour elles, et pour une corvée de moins ☺

3. Non-reconnaissance d'un travail bien fait.

Nous avons vu que la reconnaissance était le plus important dans la pyramide de Maslow, avant même l'argent.

Il est donc capital de reconnaître leur travail. Même si pour vous il n'y a pas besoin de lui dire que sa cabine est bien propre, juste par ce que c'est normal qu'elle soit propre. Sauf que pour elle, sa façon de la nettoyer avant était suffisante. Donc la nettoyer comme vous vous le souhaitez est un effort pour elle.

Et parce que vous l'aurez remerciée, elle se sentira reconnue pour cet effort et elle continuera de bien la nettoyer.

Vous n'êtes pas obligée de lui faire des courbettes juste pour une petite tâche effectuée, un simple pouce levé suffira pour lui faire comprendre que vous avez vu et que vous êtes satisfaite.

Autre technique simple, à votre arrivée à l'institut, faites le tour des cabines et collez des Post-its avec un smiley souriant ☺ que vous avec dessiné ou triste si vous n'êtes pas satisfaite ☹, mais attention avec le triste c'est le début du feed-back négatif que nous verrons dans la suite du livre.

4. Non-information, non-participation.

Nous l'avons vu dans **Les 10 moyens simples de motiver votre personnel** l'information et la participation sont un gage de confiance et d'implication de vos équipes. Vous n'êtes pas obligée de rentrer dans les détails, mais n'oubliez pas que c'est votre équipe et que vous en faites partie. Alors vous devez les impliquer.

Pour les petites informations, les annoncer dans le briefing du matin est une bonne solution (information factuelle et rapide).

Exemple :
« Bonjour, Mesdames, avant de commencer le briefing, notez que cet après-midi je reçois notre Webmaster, Cédric, pour refaire notre site, il devrait être en ligne le premier du mois prochain. Et que bla bla bla ».

Pour les informations plus importantes, prévoyez une réunion d'information avec toute l'équipe.

5. Injustice

Il n'y a rien de pire que l'injustice dans la vie, mais aussi dans le travail. Une injustice peut avoir des conséquences dramatiques pour celle qui la vit. Elle peut pousser à la démission ou à l'abandon de poste.

Exemple :
Il y a un trou dans la caisse et 2 de vos collaboratrices vous disent que c'est certainement la faute de Sarah.

Vous convoquez Sarah pour un feed-back constructif (nous développerons plus loin le feed-back) et vous sous-entendez à Sarah que c'est elle qui a fait une erreur de caisse ou a qu'elle a pris l'argent. Sarah est extrêmement vexée, mais elle vous prouve que ce n'est pas possible puisque ce jour elle était en congé. Vous allez vous excuser, mais en vain, elle vous en voudra toujours d'avoir pu imaginer qu'elle puisse vous voler.
Elle en voudra aussi à ses 2 collègues qui l'ont accusée. Vous aussi.

Voilà vous avez provoqué une injustice, il se peut que Sarah démissionne. Alors s'il vous plaît, avant d'accuser une collaboratrice, soyez sûre de vos sources.

Au mieux, dans ce cas réunissez les 3 salariées et demandez ce qui s'est passé ce jour-là avec cette erreur de caisse, mais n'accusez personne.

6. Médiocrité des relations avec les collègues

Restons sur notre exemple où 2 collèges accusent Sarah à tort.
D'après vous comment sera la relation entre elles 3 après cette expérience ?
Elles passent plus de temps entre elles à l'institut que chez elles.
La situation peut s'envenimer et une guerre peut éclater entre elles.

Vous devez intervenir au risque de devoir accepter la démission de Sarah ou des 2 autres suivant la force de caractère de chacune. Vous ferez à ce moment un feed-back constructif (je vous promets on aborde ce sujet très important dans quelques pages)

7. Médiocrité des relations avec la hiérarchie.

Restons aussi sur cet exemple, où vous avez accusé à tort votre collaboratrice, Sarah.

Malheureusement, même si vous vous êtes excusée, même si vous avouez vous être laissée influencer par les mensonges de ses 2 collègues, Sarah vous en voudra toujours.

C'est un des problèmes les plus difficiles à solutionner.
Heureusement il y a le fameux feed-back. ☺

8. Mauvaises conditions de travail.

Qu'entend-on par de mauvaises conditions de travail ?

C'est par exemple l'obligation pour une esthéticienne d'aller chercher de l'eau dans une cabine voisine puisque la sienne n'en dispose pas.

- Ou d'avoir un poste de manucurie juste derrière la porte d'entrée exposée au courant d'air toute la journée.
- Ou d'avoir une cabine à l'étage à monter et à descendre avec chaque cliente.
- Ou une cabine trop petite avec la table de massage trop près du mur, l'obligeant à masser la cliente toujours du même côté.

Même si la collaboratrice ne dit rien au début, il arrivera le moment où cela sera insupportable pour elle.

Vous devez veiller au confort de vos équipes.
Posez-leur la question lors de réunions d'évaluation ou au briefing du matin et trouvez ensemble la solution.

9. Conditions de rémunération jugées insuffisantes

Le salaire que vous avez proposé à l'entretien d'embauche a été accepté par votre collaboratrice, mais au bout d'un certain temps ce salaire ne convient plus. Elle ne vous en parlera pas, parce qu'elle pense que c'est à vous de voir qu'elle est géniale et que vous devez l'augmenter.

Mais, vous n'y pensez même pas puisque vous aimeriez déjà qu'elle vous rapporte de quoi payer son salaire ou que vous-même vous ne pouvez pas vous augmenter.

Très souvent, c'est en retour de formation avec d'autres esthéticiennes où elles ont parlé pendant le déjeuner de salaire, du pourcentage sur les ventes, des primes, d'avantages qu'elles pensent qu'elles se font avoir.

Si vous ne le devinez pas et que vous ne l'augmentez pas, elle restera dans son mutisme et un beau jour, démissionnera pour peut-être ouvrir son institut en face du vôtre. ☹

Comment faire ? Aborder le sujet rémunération lors de son bilan d'évaluation chaque année. Attention, il y a de fortes chances qu'elle vous dise facilement qu'elle aimerait gagner plus. Qui ne veut pas ?

À vous de bien réagir en lui posant les bonnes questions, exemple :
- «*Avec plaisir, mais pour quelles raisons je devrais vous augmenter ?*»
- «*Qu'avez-vous fait de plus cette année pour mériter une augmentation ?*»
- «*Qu'allez-vous faire de plus pour mériter une augmentation ?*»
- «*Vous voulez gagnez plus, vous avez un pourcentage sur les ventes, qu'est-ce qui vous empêche de vendre plus pour gagner plus ?*»

Et attention, à travers ce genre de questions, je peux vous laisser penser que je ne veux pas que vous l'augmentiez. Si vous pensez qu'elle a fourni suffisamment d'effort, vous devez l'augmenter au risque de la voir chercher ailleurs une gérante qui la paiera plus pour ses qualités.

10. Problèmes liés à la vie privée du collaborateur

Malheureusement, vous ne pouvez pas intervenir sur des problèmes qui relèvent du privé.

Même si elle est capable de vous donner sa démission suite à une rupture ou le décès d'un proche. Ses choix deviennent irrationnels.
Vous ne pouvez que lui proposer de l'écouter et de la soutenir dans ces moments-là.

Voilà pour les 10 raisons de démotivation.

À vous de les relire fréquemment pour savoir si vous respectez bien toutes les règles.

Notes

VI

LA DÉLÉGATION

« Manager, c'est faire faire ! »

Déléguer, c'est demander une tâche, une mission à une tierce personne, en l'occurrence pour vous à une salariée.
Mais pourquoi avons-nous du mal à confier une de nos tâches à notre collaboratrice ?

A Les freins à la délégation

Je ne parle pas de vous, mais certaines donnent ces raisons ou prétextes pour ne pas déléguer :
« Je n'ai pas confiance dans mes employées ».

Si c'est le cas, cela est plutôt grave d'en être arrivé là.
Que s'est-il passé ? À ce stade il faut retrouver la confiance envers ses employées. Et justement la délégation permet d'établir cette confiance. Confiez de petites tâches où vous êtes sûre que tout se passera bien, félicitez-la et la confiance reviendra au fur et à mesure des tâches plus dures que vous confierez.

« *Je vais perdre le contrôle* ».
Effectivement si ce n'est plus vous qui avez la totalité de la mission, que vous ne maîtriseriez plus à 100 %. Mais avez-vous besoin de maîtriser ces 100 % ou juste l'essentiel ?

« *Il n'y a que moi qui sache faire* ».
Penser cela c'est déjà sous-estimer vos équipes, et n'est-ce pas une façon de se rassurer en pensant être indispensable. Mais si vous pensez comme cela comment allez-vous partir en vacances, en congé maternité de plusieurs semaines ou créer une deuxième affaire ?

« *Je travaille plus vite que mes employés* ».
Peut-être, aujourd'hui, mais combien de temps allez-vous gagner en leur confiant cette mission ?

« *Je vais perdre mon autorité* ».
Ce n'est pas par les missions que l'on conserve son autorité, mais justement par la délégation et le contrôle de cette mission.

« *Ce n'est plus moi que l'on va récompenser* ».
Préférez-vous que ce soit à vous que l'on dise bravo ou à vos équipes ?

« *Déléguer me fait perdre du temps* ».
Le temps de la délégation oui, mais c'est une fois. Et combien de temps allez-vous gagner à chaque fois que votre salariée la fera ?

« *Mes employés n'ont pas le temps* ».
Si vous demandez à vos salariées si elles ont du temps il est logique qu'elles vous répondent que non. Si elles avaient du temps, elles auraient dû vous le dire d'elles-mêmes et vous demander du travail. ⊠

« *Mes employés ont une vision étroite* ».
Mais qui est la cheffe de ces filles avec une vision étroite, qui peut élargir cette vision ?

Et quoi de mieux que la délégation pour le faire ?
J'espère que vous ne vous êtes pas reconnues dans ces fausses croyances.

Voyons maintenant pourquoi déléguer. Et vous découvrirez pourquoi ce sont de fausses croyances.

B Pourquoi déléguer ?

Passés ces caps, il est bon de connaître les énormes avantages de la délégation qui sont :

- **Mieux gérer son temps.**
  Bien entendu, l'idée majeure de la délégation est de vous libérer du temps pour d'autres missions liées à votre fonction de chef d'entreprise (car vous êtes aujourd'hui des chefs d'entreprise et non pas des esthéticiennes installées comme je l'entends souvent).

- **Faire face à une surcharge de travail.**
  Le temps gagné par ces délégations vous permettra de prévoir des plages de temps disponibles pour faire face à l'impondérable.

- Utiliser et développer les compétences de ses collaborateurs.
  Très souvent votre personnel dispose de qualités insoupçonnées, votre devoir est de découvrir et d'exploiter leurs compétences (maîtrise de l'outil informatique pour créer vos tarifs et promotions, créativité et sens de la décoration pour vos vitrines, gestion des réseaux sociaux, etc.).

- **Augmenter leur sens des responsabilités.**
  Plus vous déléguerez plus vous augmenterez leur sens des responsabilités et plus vous les ferez grandir, votre équipe sortira de l'assistanat des « patronnes ».

- **Développer la motivation au travail.**
  Il est évident qu'en confiant des missions de plus ou moins grande importance à votre personnel vous lui procurez une motivation exceptionnelle, vous le reconnaissez comme capable d'assurer la mission, il sort de sa fonction basique pour en faire plus, pour assister et soutenir sa responsable.

- **Installer la confiance.**

  Bien entendu, si vous confiez une mission à un membre de votre équipe c'est que vous lui accordez déjà votre confiance (on ne confie pas de mission à une personne si on pense qu'elle n'en est pas capable).

- **Vous concentrer sur l'essentiel.**

  Effectivement, l'avantage le plus important est de pouvoir vous concentrer sur vos vraies missions de chef d'entreprise qui globalement sont des actions ou activités liées au développement de clientèles, d'accroissement de paniers moyens, du chiffre d'affaires, de la communication, de la publicité, de la gestion, du référencement de nouveaux produits et de nouvelles techniques de la fréquentation de votre centre, tout en dynamisant votre équipe.

C Comment déléguer ?

Pour qu'une délégation soit réussie, il faut la dérouler en 6 phases.
Oui, j'ai bien écrit 6 phases.

Mais avant, je vous raconte une anecdote vécue lorsque j'étais commercial. J'avais rendez-vous avec une gérante pour un ressort, qui n'avait pas eu le temps de faire son inventaire. Un peu désolée, elle interpelle une de ses collaboratrices et lui dit :

« Justine, faites-moi l'inventaire des produits Lancaster, j'ai besoin de savoir combien il y en a pour savoir combien j'en commande en fonction de ce qui reste ».

Elle lui tend un bon de commande et un stylo.
Et quelques minutes après, Justine revient en disant : *« Il y en a 184 »*.

Je me suis retenu de sourire, et ma gérante elle a éclaté de rire en disant : *« Mais, Justine, j'ai besoin du nombre par référence, comment voulez-vous que je sache ce que nous avons vendu ou pas ? »*
Drôle, mais qui est responsable de cet échec ?

Voyons les 6 phases de la délégation.

1. **Informez**
   Décrivez exactement ce que vous attendez de vos collaborateurs, donnez-leur des délais.
2. **Expliquez**
   Pourquoi la mission doit-elle être accomplie ?
   Quelle est son importance ?
3. **Déterminez**
   Les moyens réalistes à utiliser pour assurer le succès de la réalisation.
4. **Soutenez**
   Fournissez les moyens et les conseils nécessaires.
5. **Accordez**
   De l'autorité à vos employés afin qu'ils se sentent responsables.
6. **Obtenez**
   L'engagement des employés. Assurez-vous que votre collaborateur est prêt à s'investir dans ce travail et qu'il a bien compris le but à atteindre.

Exemples dans le détail :

1. Informez
Jessica, j'ai besoin que vous réalisiez un inventaire des produits de la marque X.
Il me le faudra pour mercredi soir 18 heures maximum.

2. Expliquez

Cet inventaire est très important, il permet de savoir combien de produits il reste en stock afin de déterminer combien nous devons en recommander.

Vous utiliserez ce cadencier, comme vous pouvez le voir, chaque ligne représente un produit.
Dans la première colonne, il y a le nombre de produits commandés il y a 6 semaines.
Dans la deuxième colonne, vous noterez le nombre de produits stockés dans la réserve et n'oubliez pas ceux sur les linéaires et mon travail à moi sera de déterminer le nombre de produits à commander.

Exemple :
Dans la première colonne du sérum, il y a 6 produits notés en stock. Regardons ensemble, nous notons qu'il y en a 2 en linéaires et 1 en stock, je note donc 2 +1= 3.

Voilà, c'est ce que je vous demande, et grâce à vos notes, je constate qu'il y en avait 6 au dernier comptage, moins les 3 en stock, je sais que nous en avons vendu 3.

Donc en principe nous devons pouvoir tenir avec nos 3 produits en stock jusqu'au prochain comptage, mais par sécurité je vais en commander 2 de plus pour ne pas rater de ventes.

Est-ce clair pour vous ?
Vous comprenez que cet inventaire est très important, un pour ne pas rater de vente et ne pas perdre d'argent, deux pour ne pas avoir trop de stock qui nous coûterait de l'argent.

3. **Déterminez les moyens**
   Jessica, pour cette mission, voilà le cadencier, une gomme et un crayon papier. Il ne faut pas écrire au stylo pour pouvoir faire des modifications ou équilibrages si besoin.
   Dites-moi quand vous souhaitez le faire que je vous bloque une heure sur le planning.
4. **Soutenez**
   De quoi avez-vous besoin pour réaliser cette mission ?
   Je préviendrai vos collègues de ne pas vous déranger pendant ce travail.
5. **Accordez**
   Mesdames, Jessica va réaliser l'inventaire ce mois-ci. Elle le fera mardi de 11 heures à midi. Je vous demande de ne pas la déranger pendant cette mission. Au besoin, venez me voir à sa place.
6. **Obtenez**

Et pour conclure, vous devez valider l'engagement en demandant à Jessica de récapituler la mission.
Alors, Jessica, pouvez-vous me dire quelle est l'importance de cette mission ?

Comment vous allez la réaliser ?
Et avec quels moyens et à quel moment ? bla bla bla
Merci, Jessica.

Notes

VII

FORMER SON ÉQUIPE

A Évaluation de l'équipe

Afin de prévoir de former son équipe, il faut d'abord évaluer chaque collaboratrice.

Une équipe peut être hétéroclite. Elle peut être composée de stagiaires de 16 ans sortant de l'école ou de professionnelles de 40 ans avec un BTS et une expérience de 20 ans d'institut.

Et, bien sûr, vous n'aurez pas le même programme de formations pour tout un chacun.

Mais vous pouvez aussi avoir 3 esthéticiennes du même âge avec le même niveau de diplômes et pourtant elles seront différentes en termes de connaissances, de personnalités, de préférences, de capacité d'apprentissage, etc.

Servez-vous lors l'entretien d'embauche et des fiches d'évaluation pour déjà définir leurs niveaux et leurs besoins de formations.

S'il s'est passé du temps depuis leur embauche, faites une évaluation lors du bilan individuel annuel.

B L'ambiance de travail

Une bonne ambiance est un facteur stimulant. Une ambiance de stress est plus souvent génératrice d'une baisse de motivation et donc d'une baisse de performance.

Mais comment évaluer l'ambiance de travail ?

• **Les employées se saluent-elles le matin ?**
La façon dont elles se disent bonjour le matin en dit long sur leurs relations.
Si elles avaient l'habitude de se faire la bise et que du jour au lendemain elles se font juste un « hello » ou un « salut » c'est que l'ambiance s'est dégradée.
Si elles se donnent des petits noms et que sans prévenir elles s'appellent à nouveau par leur prénom, c'est qu'il y a aussi un problème dans leur relation.
À vous de chercher à comprendre pourquoi.

• **Se rencontrent-elles à l'extérieur de l'institut ?**
Si deux collègues se voient à l'extérieur, c'est certainement qu'elles ont des affinités. Cela semble être positif, mais qu'en sera-t-il lorsqu'elles se disputeront (comme toutes les bonnes copines) pour des raisons personnelles ?
Quelle sera l'ambiance au travail, même si la dispute est personnelle ?
Vous ne pouvez pas empêcher cette relation amicale, mais surtout ne la provoquez pas.

• **Se témoignent-elles du respect ?**
Est-ce qu'elles se saluent, s'entraident, se rendent service (l'une refait la cabine pendant que l'autre finalise sa vente). Est-ce qu'elles sont courtoises dans leurs échanges ou pas ?

- **Prennent-elles plaisir à venir travailler ?**
Facile aussi de voir dans quel état elles sont à l'arrivée à l'institut, souriantes, enjouées, blagueuses, câlines entre elles ou pas.
Si elles se préparent un café ensemble, ont acheté des viennoiseries à partager.

- **Se répartissent-elles équitablement les tâches ingrates ?**
Il est très facile de voir si c'est toujours la même qui gère les tâches ingrates de l'institut (poubelles, nettoyage des sanitaires). Si c'est le cas, c'est que les autres ont pris l'ascendant sur elle comme dans Cendrillon, elle devient l'exclue et ce n'est pas bon. À vous de rétablir les tâches équitablement et rétablir l'unité en pratiquant le fameux feed-back à découvrir bientôt ☺

- **Rangent-elles, d'elles-mêmes, le centre de beauté ?**
Si vous constatez qu'il faut leur rappeler des tâches à effectuer qu'elles avaient l'habitude de faire, c'est que c'est à vous qu'elles en veulent. C'est une façon silencieuse de manifester leurs mécontentements. Cherchez à comprendre la cause.

- **Y a-t-il un fort taux d'absentéisme ?**
Vos salariées peuvent tomber malades et avoir des arrêts maladie, mais si du jour au lendemain les absences sans raison se multiplient c'est qu'il y a un problème. Elles ont perdu la motivation au travail, ou elles se vengent gentiment de vous. Ce sont les prémices d'une démission.

- **Viennent-elles facilement vous parler ?**
Venir parler à sa responsable est normal et encouragé. Mais certaines peuvent être un peu timides et n'osent pas, cela n'est pas grave. Mais si une collaboratrice qui avait l'habitude de vous solliciter régulièrement cesse, c'est une rupture entre elle et vous.

C Évaluation et gestion des compétences individuelles

Comment évaluer vos différentes collaboratrices de manière rationnelle ? Les fiches d'évaluation des performances font partie des outils à disposition des managers. Elles ont plusieurs objectifs et me semblent être un outil idéal, voire indispensable, même pour des petites équipes et des managers débutantes (si je peux me permettre).

En effet, pour une grande partie d'entre vous, le management se fait de manière empirique, en vous adaptant aux situations et aux salariées constituant votre équipe.

Vous essayez de trouver les meilleures solutions ou compromis avec vos salariées pour faire passer vos messages sans les contrarier. Et continuer d'avancer.

Je pense par exemple, à la gestion des retards, de mauvaises humeurs, des tâches et des actions non effectuées, à l'absentéisme, au dépassement des temps impartis aux soins, à l'état ou au port des tenues, aux comportements, bref à tout ce qui fait le quotidien du management d'équipe d'un commerce.

Vous constatez souvent également que les comportements ou attitudes positives et négatives passent d'une personne à une autre et sont irréguliers tout au long de l'année. Pourtant, chaque élément de votre équipe est persuadé d'être en permanence un bon élément et, en aucun cas, ne pense nuire au bon déroulement de votre affaire.

Heureusement, nous sommes des êtres humains et il est acceptable de ne pas être régulier. L'inconvénient est que pour la bonne marche de l'entreprise et la satisfaction de vos chères clientes, vous devez, en permanence, être toutes irréprochables.

En tant que manager vous devez bien sûr gérer les jalousies, les velléités de responsabilités, les demandes de statut, les demandes d'augmentation, les demandes d'avantages (horaires, jours de préférence, choix des soins, choix des clientes, etc.)

Qui privilégier ? Qui augmenter ? De combien ? Quand ? Pourquoi ? Pourquoi elle et pas les autres ? Votre décision peut être intuitive et vouée à la jalousie et au reproche (entraînant discorde, désaccord, et démotivation).

Je sais, je brosse un portrait noir d'une situation gérée ou à gérer. La bonne nouvelle c'est que l'utilisation de fiches d'évaluation de performances va réguler la plupart de ces contraintes humaines.

La vocation de l'entretien d'évaluation de fin d'année et de l'utilisation des fiches d'évaluation est :

OBJECTIF, COMMUNICATION, MOTIVATION et RÉSULTATS.

Voilà au moins quatre bonnes raisons de les mettre en application.

- **OBJECTIF**
  Vos salariées ont besoin de savoir où elles vont, ce qu'elles doivent faire, ce que vous attendez d'elles, en tant qu'équipe, mais aussi individuellement. Vous devez utiliser les fiches d'évaluation dès leur embauche, les commenter et expliquer leur utilité. Elles définissent le poste et les fonctions. Elles sont un guide pour vos salariées.

- **COMMUNICATION**
  Vous devez échanger avec vos salariées. Ce document vous permet d'aborder toutes vos attentes. À vous d'expliquer pourquoi et comment vous avez déterminé vos critères. Cet échange doit être participatif et interactif. Vous devez impliquer vos salariées et ainsi obtenir leur adhésion.

- **MOTIVATION**
  Vous devez, en permanence, motiver vos équipes. Pour cela, elles ont besoin de savoir où elles se situent, quelles notes elles ont aujourd'hui et quelles notes vous espérez qu'elles auront dans six mois ou un an. Elles savent ensuite quoi faire pour être reconnues et valorisées par vous.

RÉSULTATS

Vous constaterez que lorsqu'une salariée sait clairement ce que vous attendez d'elle, elle fait tout ce qui est en son pouvoir pour atteindre naturellement l'objectif que vous avez fixé ensemble.

À chaque évaluation, vous allez ensemble mesurer les améliorations et les régressions par critère, charge à vous de féliciter et valoriser votre employée. Dans le cas de baisse de note, vous devez ensemble pratiquer un feed-back constructif, trouver les solutions et obtenir l'engagement de la personne à améliorer sa note.

Comme vous pouvez le deviner, cet outil vous permet de justifier les qualités et les défauts de chacune de façon objective et irréfutable. Il permet aussi de faire accepter un refus d'avantage, de prime ou d'augmentation à une personne en baisse sur sa note globale. La porte restant ouverte en cas d'amélioration au prochain bilan.

Cet outil justifiera aussi auprès du reste de l'équipe l'attribution de responsabilités, ou d'avantages à une personne méritante.

Vos équipes ont certainement tendance à vous faire leurs réclamations, de façon intempestive, au gré de leurs envies ou attentes. Avec l'instauration des fiches d'évaluations annuelles ou semestrielles, vous évitez les demandes sporadiques d'augmentations entre deux bilans.

Vous trouverez ci-dessous deux trames de fiches d'évaluation. Une pour votre future responsable et une pour vos esthéticiennes.

À vous de les personnaliser en fonction des postes et des spécificités attendues. Cherchez les nouvelles fiches sur Google ☺

Une dernière astuce permettant l'échange et l'implication de la personne évaluée, demandez-lui de se noter elle-même pendant l'entretien et commentez et validez ensuite ses notes en fonction de votre point de vue.

FICHE D'ÉVALUATION D'UNE ESTHÉTICIENNE

Notation
1 : mauvais   2 : médiocre   3 : moyen   4 : bon   5 : très bon

	Critères	1	2	3	4	5	Commentaires
1	Présentation						
2	Accueil du client						
3	Recherche des besoins						
4	Argumentation						
5	Présentation des services						
6	Connaissance des produits						
7	Réponse aux objections						
8	Conclusion						
9	Ventes complémentaires						
10	Rangement du rayon						
11	Confiance en soi						
12	Dynamisme						
13	Attitude positive						
14	Sens des responsabilités						
15	Relations avec l'équipe						
16	Sens relationnel						
17	Qualités d'écoute						
18	Motivation						
19	Respect de la hiérarchie						
20	Capacité de changement						
	VOS CRITÈRES						
21	État de propreté de votre cabine						
22	État de votre tenue						
23	Ponctualité						
24	Assiduité						
25	Niveau en orthographe						
26	Niveau en anglais, etc.						
	Total						

FICHE D'ÉVALUATION D'UNE RESPONSABLE

Notation

1 : mauvais   2 : médiocre   3 : moyen   4 : bon   5 : très bon

	Critères	1	2	3	4	5	Commentaires
1	Motivation de l'équipe						
2	Sens de l'organisation						
3	Capacité à harmoniser						
4	Animation des réunions						
5	Rapidité de décision						
6	Prise d'initiative						
7	Capacité à déléguer						
8	Compétence à la vente						
9	Merchandising						
10	Remontée d'informations						
11	Confiance en soi						
12	Dynamisme						
13	Attitude positive						
14	Sens des responsabilités						
15	Relations avec l'équipe						
16	Sens relationnel						
17	Qualités d'écoute						
18	Motivation personnelle						
19	Respect de la hiérarchie						
20	Capacité de changement						
	VOS CRITÈRES						
21	Gestion des plannings						
22	Création des menus de soins						
23	Pertinence dans le recrutement						
24	Gestion des commandes						
25	Niveau en anglais, etc.						
	Total						

Désormais, vous avez les clefs pour évaluer vos collaboratrices, nous allons maintenant les faire évoluer.

Notes

VIII

LE COACHING D'ÉQUIPE

A Les bases du coaching d'équipe

Qu'est-ce que le coaching ?
Voici la définition de Wikipédia (source https://fr.wikipedia.org/wiki/Coaching)

*Le **coaching**, ou **accompagnement**, est une méthode d'accompagnement personnalisé destinée à améliorer les compétences et la performance d'un individu, d'un groupe ou d'une organisation, grâce à l'amélioration des connaissances, l'optimisation des processus et des méthodes d'organisation et de contrôle. Il s'est développé à l'origine dans le milieu du sport (le coach pouvant être entraîneur ou compléter celui-ci pour un encouragement de type plus psychologique), mais son usage a dépassé de ce contexte à partir de la fin du XXe siècle pour apparaître dans le milieu de l'entreprise, puis celui du développement personnel de manière moins cadrée et souvent contestée. Il est aujourd'hui présent dans de nombreux domaines de la vie, professionnel, nutritionnel, parental, scolaire, etc.*

Le coaching est le métier de l'accompagnement fondé sur un dialogue entre le client et son coach. Il permet au client, par la construction de ces échanges, de trouver les solutions les plus adaptées à ses capacités, croyances et représentations, à sa situation et ses enjeux.

La notion de coaching manquant d'un encadrement légal précis, elle peut être revendiquée par tout un chacun sans condition de qualification professionnelle ni de compétence réelle. À titre d'exemple, le coaching en « développement personnel », qui rencontre un certain succès commercial, a suscité une offre pléthorique, qui souffre de l'absence d'un cadre institutionnel et d'un adossement scientifique.

Maintenant que vous avez la définition du coaching, voici ma vision simplifiée de cette technique.

« Le coaching ce n'est pas de donner les réponses, mais de faire dire les réponses »

Voilà tout est dit ☺

Plus sérieusement il y a des règles à respecter lorsque l'on prend la posture du coach.

Les règles du coaching
- Le coach n'est pas un psychologue.
- Le coach ne dicte rien.
- Le coach n'explique pas comment faire.
- Le coach ne dit pas, mais fait dire.
- Le coach ne juge pas.
- Le coach aide à révéler ses propres ressources.
- Le coach donne une impulsion pour mener à bien les missions.
- Le coach aide à développer le potentiel du coaché.
- Le coach a une vision positive des ressources cachées de chacun.
- Le coach dialogue de façon positive et incitative.
- Le coach amène au changement par la prise de conscience.
- Le coach est « un miroir bienveillant ».

<u>La coach ne cherche pas :</u>
Le pourquoi ça ne marche pas, mais le comment faire pour que ça marche.

Si vous demandez à un enfant pourquoi il a eu une mauvaise note à l'école, vous l'obligez à trouver des excuses qui vont justifier son échec. Vous risquez de banaliser sa note au profit des raisons. Vous risquez peut-être d'être convaincu par ses excuses et de le plaindre.

Dans cette situation, comment l'enfant va-t-il raisonner et agir en cas d'une nouvelle mauvaise note ?

Eh oui vous l'avez compris, il ne va pas se concentrer sur comment avoir une bonne note, mais sur les bonnes excuses à trouver pour s'en sortir. Le coach doit donc changer ses questions sur le « pourquoi » par des questions sur le « comment ».

<u>Exemple :</u>
Tu as eu une mauvaise note, je ne veux pas savoir pourquoi, mais dis-moi plutôt ce qu'il aurait fallu que tu fasses pour avoir une bonne note ? Et là vous obligez l'enfant à chercher comment faire la prochaine fois pour avoir une bonne note.

Dans le coaching de vos équipes, RÉPONDEZ à une question ou à une affirmation par une QUESTION et REMPLACEZ :

Pourquoi n'y arrivez-vous pas ?
Par...
Comment allez-vous faire pour y arriver ?

Pourquoi n'avez-vous pas de temps ?
Par...
Comment allez-vous trouver du temps ?

Pourquoi avez-vous du mal à demander de l'aide ?
Par...
Comment pourriez-vous obtenir de l'aide naturellement ?

Pourquoi ne posez-vous pas plus de questions ?
Par...
Comment allez-vous faire pour poser plus de questions ?

Je ne connais pas le menu.
Par...
Comment pouvez-vous faire pour les connaître ?

Je ne suis pas bonne en anglais.
Par...
Comment voulez-vous que je vous aide ?
Comment pouvez-vous vous améliorer ?
Ou **De quoi avez-vous besoin pour être meilleure en anglais ?**

Avez-vous vendu ?
Par...
Combien en avez-vous vendu ?

Vous connaissez les menus ?
Par...
Que connaissez-vous des menus ?

L'accueil est important dans votre métier.
Par...
Quelle est l'importance de l'accueil dans votre métier ?

Votre client ne va pas apprécier.
Par...
Que va penser votre client ?

Vous devez être professionnelle.
Par...
Comment allez-vous faire pour être encore plus professionnelle ?

Vous devez arriver à l'heure.
Par...
Comment allez-vous vous organiser pour être à l'heure ?

Et si un jour votre coachée a compris votre mécanisme, elle ne vous dira pas :
Vous allez m'augmenter ? Mais :
De combien m'avez-vous augmentée ? ☺
Quand allez-vous m'augmenter ? ☺

Maintenant que vous avez compris l'importance de la verbalisation dans le coaching, nous allons aussi nous rendre compte de l'importance de la verbalisation en général.

Notes

IX

LA COMMUNICATION POSITIVE

Qu'est-ce que la communication positive ?

Pour faire simple, ce sont des formulations qui amènent la réflexion vers le OUI plutôt que vers le NON.

Lorsque vous demandez à une cliente :
« Vous voulez prendre un rendez-vous pour le mois prochain ? »
ou
« Vous voulez prendre un petit rendez-vous pour le mois prochain ? » histoire de minimiser le tarif ou malheureusement l'importance du soin.
Ou
« Vous savez, ce serait bien de prendre un rendez-vous pour le mois prochain ? »

À chacune de ces questions, la cliente peut très vite vous répondre :
« NON ».
Ou
« Je vous rappellerai, je n'ai pas mon planning ».

C'est la même chose avec :
« Je vous offre un café ? »
« Vous voulez un verre d'eau ? »
« Vous avez besoin d'un gommage ? »

Ou avec vos collaboratrices.
« Vous avez du temps aujourd'hui pour faire un inventaire ? » *« NON ».*
« Vous pouvez exceptionnellement venir lundi ? » *« NON*
(avec une bonne excuse) j'ai rendez-vous avec ma banquière. »
« Vous n'avez pas appelé monsieur Ly ? »
« Vous ne savez pas si monsieur Ly est là ? »
« Vous n'avez pas pensé à mon dossier ? »
« Vous n'avez pas 2 minutes ? »
« Je n'ai pas de message ? »
« Vous ne pouvez pas fermer la fenêtre ? »

L'ensemble de ces questions a une formulation NÉGATIVE ou NON-INCITATIVE
Nous allons donc les reformuler.

« Vous n'avez pas appelé monsieur Ly ? »
Devient :
« Liz, qu'a dit monsieur Ly ? »

« Vous n'avez pas pensé à mon dossier ? »
Devient :
« Liz, qu'en est-il de mon dossier ? »

« Vous n'avez pas 2 minutes ? »
Devient :
« Liz prenez 2 minutes ? » ou
« Liz, quand avez-vous 2 minutes ce matin ? »

« Je n'ai pas de message ? »
Devient :
« Liz, quels sont mes messages s'il vous plaît ? »

«Vous ne pouvez pas fermer la fenêtre ?»
« Liz, fermez la fenêtre s'il vous plaît. » Ou
« Liz, je vous prie de bien vouloir fermer la fenêtre ».

L'ensemble de ces questions a une formulation POSITIVE ou INCITATIVE. Elles conduisent vers le oui ou vers l'action demandée.

Autres exemples :
« Appelez-moi monsieur Ly ».
« Passez-moi le dossier Dupond ».
« Fermez la porte ».
« Asseyez-vous ».
« Je veux que vous appeliez monsieur Ly ».

L'ensemble de ces questions a une formulation AUTORITAIRE ou IMPÉRATIVE.

Elles emmènent vers un commandement autoritaire banni de nos jours. Nous allons donc les reformuler.

« Appelez-moi monsieur Ly ».
« Liz, appelez-moi monsieur Ly s'il vous plaît ».
« Liz, pouvez-vous appeler monsieur Ly s'il vous plaît ? ».

« Passez-moi le dossier Dupond. »
« Liz, passez-moi le dossier de monsieur Dupond s'il vous plaît »

« Fermez la porte. »
« Liz, fermez la porte s'il vous plaît » ou
« Liz, pouvez-vous fermer la porte svp ? »

« Asseyez-vous. »
« Liz, je vous en prie, asseyez-vous ».

« Je veux que vous appeliez monsieur Ly »
« Liz, appelez monsieur Ly maintenant s'il vous plaît »

Comme vous pouvez vous en rendre compte une fois de plus, il suffit simplement de rajouter s'il vous plaît dans la formule pour supprimer le côté autoritaire et impératif.

Autres exemples :
« Ça va les ventes ? ».
« Ça va à l'institut ? » (au téléphone)
« Vous pourriez aller chercher des stylos aujourd'hui ? »
« Quelqu'un s'occupe de préparer la salle ? »
« Il faut penser à commander des plateaux-repas ».

L'ensemble de ces questions a une formulation IMPERSONNELLE. Nous ne savons pas à qui vous vous adressez ou si vous parlez à un groupe. Ou SANS INTÉRÊT puisque vous allez obtenir des réponses soit par un OUI soit par un NON.
Nous allons donc les reformuler.

« Ça va, les ventes ? ».
« Comment se sont passées les ventes aujourd'hui ? ». Ou
« Quel chiffre d'affaires avez-vous réalisé aujourd'hui ? »

« Vous pourrez aller chercher des stylos aujourd'hui ? ».
« Liz, quand pouvez-vous aller me chercher des stylos aujourd'hui ? »

« Quelqu'un s'occupe de préparer la salle ».
« Liz, qui s'occupe de préparer la salle ? »

« Il faut penser à commander des plateaux-repas ».
« Liz, comment gérez-vous les plateaux-repas ? » ou
« Liz, qui gère les plateaux-repas ? »

Comme vous pouvez vous en rendre compte, il suffit simplement d'être précis dans vos demandes, de penser à la réponse que vous souhaitez obtenir.

Vous ne voulez savoir si : *« Ça va les ventes ? ».* Mais, vous voulez savoir quel chiffre a été réalisé ou si l'objectif du jour est atteint.

<u>Autres exemples :</u>
« *Ne vous inquiétez pas* ».
« *Rassurez-vous* ».
« *N'ayez pas peur* ».
« *Soyez sans crainte* ».
« *C'est peut-être possible* ».
« *Je vais voir* ».
« *Je crois* ».
« *Je pense* ».
« *Je regarde* ».

L'ensemble de ces questions a une formulation INQUIÉTANTE même si j'imagine que la personne qui les pose a pour objectif de rassurer son interlocuteur.
Nous allons donc les reformuler.

« *Ne vous inquiétez pas.* »
Devient :
Rien.
Si la formule était :
« *Ne vous inquiétez pas tout va bien se passer* » dites juste :
« *Tout va bien se passer.* »

« *Rassurez-vous.* »
Rien.
Si la formule était :
« *Rassurez-vous, tout va bien se passer* » dites juste :
« *Tout va bien se passer.* »

« *N'ayez pas peur.* »
Rien.
Si la formule était :
« *N'ayez pas peur, tout va bien se passer* », dites juste :
« *Tout va bien se passer.* »

« *Soyez sans crainte.* »
Rien.

Si la formule était :
« *Soyez sans crainte, tout va bien se passer* », dites juste :
« **Tout va bien se passer.** »

Et pour :
« *C'est peut-être possible* ».
« *Je vais voir* ».
« *Je crois* ».
« *Je pense* ».
« *Je regarde* ».
Devient :
« ***Je vous le confirme.*** » ou « ***Je vous le garantis.*** » ou « ***J'en suis sûre.*** » ou
« ***C'est une certitude.*** ».

Comme vous pouvez vous en rendre compte une dernière fois, il suffit simplement d'être sûre de soi, de parler comme si vous étiez sûre de vous.

Sachez que le doute est contagieux.

Pour rappel :
- Les questions NÉGATIVES deviennent des questions POSITIVES.
- Les questions AUTORITAIRES ET IMPÉRATIVES deviennent POLIES.
- Les questions IMPERSONNELLES deviennent PERSONELLES ou NOMINATIVES.
- Les questions INQUIÉTANTES deviennent RASSURANTES.

Et, bien sûr, vous pouvez vous entraîner dès aujourd'hui avec votre entourage personnel pour tester les bonnes questions et vous constaterez les résultats immédiatement.

Vous obtiendrez de vraies réponses, précises, intéressantes, constructives et vous aurez une fluidité certaine dans les rapports avec les autres.

Passons enfin au **Feed-back constructif.**

Notes

X

LE FEED-BACK CONSTRUCTIF

Qu'est-ce que le feed-back constructif ?

C'est tout simplement faire un reproche à une de vos collaboratrices ou à un ensemble de collaboratrices.

Mais plutôt que d'appeler cette action un « reproche », qui peut être très mal accepté, nous avons repris l'expression anglo-saxonne feed-back négatif (retour d'informations négatives) et plus politiquement correct « le feed-back constructif » pour rester dans le positivisme.

J'imagine que, comme tout le monde, vous donnez des directives à vos employées, mais que très souvent vous êtes déçue par le manque d'implication et de résultats.

Dans ces cas-là, vous hésitez à réprimander les personnes concernées, car les seules fois où vous avez essayé, vous avez généré une démotivation et une mauvaise ambiance très nuisible au bon déroulement de votre commerce.
C'est encore un des écueils du manager.

Heureusement, il existe des formules magiques pour que vous puissiez faire un reproche à vos esthéticiennes, que les choses ensuite soient bien faites et qu'elles restent motivées. Mais avant d'aborder les solutions par le feed-back constructif, remontons dans le temps. Nous commençons tous, et parce que nous y croyons, par un management sympathique, voire légèrement maternant.

Au quotidien, cela se traduit par :
- *« Allez, les filles, on y croit, on est les meilleures. »*
- *« Hé, les filles, ce serait bien de nettoyer les cabines. »*
- *« Fais attention, tu arrives souvent en retard le matin. Fais un effort, ce serait gentil. »*
- *« Tu m'avais dit que tu ferais des efforts. Ce serait sympa de les faire vraiment. »*

Que se passe-t-il ? Vous êtes perçue comme une patronne cool, mais il peut être, dans ce cas-là, difficile d'obtenir des résultats et des engagements. Lasse du manque de résultats, vous mettez alors la pression et vous exigez des résultats sans discussion. Vous passez alors pour la patronne qui a pris la grosse tête et qui n'est plus sympa comme avant !!

Dans ce cas, vous passez au :
- *« C'est comme ça. Je t'ai demandé d'arriver à l'heure, un point c'est tout ».*
- *« On va arrêter de discuter. Je ne veux pas que tu fumes ici. C'est quand même moi la patronne, non ! »*
- *« C'est la vingtième fois que je vous répète que l'institut est sale. Vous ne le voyez pas ? »*

Le ton monte, mais rien ne se passe. L'ambiance se dégrade et vous ne savez plus quoi faire avec votre équipe.

Que faire ? Eh bien simplement comprendre le management et apprendre les quelques règles que je vous conseille de mettre en application au plus tôt.
Le management est rarement inné, il s'apprend.
La procédure que nous allons étudier est donc le fameux « feed-back constructif » tant attendu. ☺

Mais pourquoi ne le fait-on pas lorsque c'est nécessaire ?
- Vous avez souvent peur de faire de la peine.
- Et parfois l'impression que cela ne servira à rien.
- La dernière fois que vous avez essayé, vous vous êtes vraiment énervée contre votre employée qui est repartie totalement démotivée.

Pourquoi le faire ?
- Pour corriger une erreur (retards, mauvais accueil de la clientèle, désorganisation...).
- Pour aider l'autre à progresser (ventes non réussies, relations difficiles avec ses collègues...).
- Pour dédramatiser une situation négative qui s'installe et qui peut prendre une importance qui n'avait pas lieu d'être.

Voici comment faire un feed-back constructif

Phase 1 : Donnez rendez-vous ferme
Pour que le feed-back soit pris au sérieux par votre collaboratrice, il faut sortir du cadre habituel. Il faut qu'elle comprenne que la situation est peut-être grave.

Pour ce faire, vous allez lui donner rendez-vous dans votre bureau ou un autre lieu clos où vous ne serez pas dérangées si vous n'avez pas de bureau. En fonction de l'urgence du reproche, le rendez-vous peut-être donné dans le quart d'heure précédent.

Suivant la sensibilité de la collaboratrice, vous pouvez faire monter la pression en donnant un rendez-vous le lendemain pour que toute la soirée (donc chez elle) elle se pose des questions sur ce que vous lui voulez (non ce n'est pas moi qui ai écrit cela ☺).

Le rendez-vous doit être ferme et sans appel.

Ne dites pas :
« Jessica, j'aimerais vous voir dans mon bureau à 14 h ».
Aimerais n'est pas suffisamment ferme.

Tout comme «Je souhaiterais...», «Si vous pouvez...», «Quand vous pour-rez...», «Ce serait bien que...».

Mais dites :
«Jessica, je veux vous voir dans mon bureau après votre fin de 14 h, je vous attends donc à 15 h».

Avec ce ton inhabituel, vous allez l'inquiéter, elle risque de vous dire :
«Mais, Claire, pourquoi, que se passe-t-il ?».
Et, bien sûr, il ne faut pas lui répondre, vous ne devez pas vous justifier.

Prenez sur vous et répondez par une question qui va la bloquer :
«Jessica, d'après vous pourquoi je vous donne rendez-vous dans mon bureau ?».

Les plus pertinentes vont jouer la carte sympathique et tourner ce moment en plaisanterie :
«Je ne sais pas, vous allez m'annoncer une augmentation ou une promotion ?».

Gardez votre sang-froid et répondez encore par une question :
«Jessica, est-ce que vous pensez que pour une bonne nouvelle je vous don-nerais rendez-vous dans mon bureau ?».

Et voilà, le rendez-vous ferme est donné.

Phase 2 : Faire dire le problème et chercher à comprendre

La collaboratrice peut avoir une véritable raison pour ne pas y arriver :
«Que se passe-t-il ?», «Racontez-moi ?», «Pourquoi ce problème X».

Je vous invite à prendre des notes qui vont lui donner le ton de cet entre-tien. Il vous sera utile dans le cas où elle ne respecte pas les changements décidés ensemble pendant ce feed-back.

À vous de bien écouter. Orientez la personne sur les faits et uniquement les faits. Ne la laissez pas s'éparpiller dans des explications en dehors du cas étudié. Une fois son explication donnée, vous synthétisez par une reformulation ses raisons ou excuses pour être bien d'accord et vous passez à la phase trois.

Phase 3 : Faites prendre conscience des conséquences négatives

Pour qu'une personne change sa façon de travailler, ses mauvaises habitudes, ses erreurs il faut absolument qu'elle prenne conscience de conséquences négatives de ses actes. Si elle n'en prend pas conscience, elle ne changera pas.

Et il faut qu'elle prenne conscience des conséquences négatives pour :
• l'institut,
• les clientes,
• les collègues,
• vous,
• l'école esthétique (si elle est encore à l'école).

Pour ce faire, pensez à utiliser des questions ouvertes pour la mettre en réflexion.

Par exemple :
• *« À votre avis, que va-t-il se passer si vous continuez à arriver en retard tous les matins ? »*
• *« D'après vous, que pensent les clientes de l'institut lorsqu'elles remarquent qu'il n'est pas propre ? »*
• *« Selon vous, que pensent vos collègues de votre habitude de ne pas nettoyer votre cabine ? »*

Oui fois que la collaboratrice a bien pris conscience des conséquences négatives pour toute l'organisation et les personnes. Et je vous préviens c'est la partie où vous allez être le moins à l'aise et avoir tendance à la bâcler. C'est une erreur. Faites-la bien et jusqu'au bout pour être sûre de réussir votre feed-back au risque de le refaire.

Phase 4 : Chercher des solutions pour changer ça

Surtout, ne pensez pas que l'entretien est fini, qu'elle a compris et va changer d'elle-même.

Il ne faut pas lui donner vos solutions qu'elle écoutera, mais n'admettra pas. Les solutions et réponses doivent venir d'elle. Vous devez la questionner, certes en l'orientant, mais c'est vraiment elle qui doit les apporter.
• *« Que proposez-vous pour que cela ne se reproduise pas ? »*
• *« Comment pensez-vous pouvoir y remédier ? »*
• *« Comment ferez-vous pour améliorer cette situation ? »*

Une fois que vous avez obtenu des solutions d'elle qui vous satisfont, vous passez à la phase 5.

Phase 5 : Reformuler l'engagement

Il est important pour les deux parties que les choses soient claires et pour en être sûre c'est votre collaboratrice qui doit reformuler son engagement. Elle doit aussi vous donner le moment où elle commencera à mettre en place les solutions. Exigez du concret et une date de mise en place.

Vous : *« Alors même si vous pensiez que ce n'était pas grave, quelles en sont les conséquences ? »*
Elle : *« Oui, j'ai bien compris que... »*
Vous : *« À partir d'aujourd'hui, vous vous engagez sur quoi pour éviter ces conséquences ? »*
Elle : *« Je m'engage à... ».*
Vous : *« Et vous commencez quand ? »*
Elle : *« Dès demain matin »*

Phase 6 : Encourager

C'est le moment où il faut conclure votre feed-back constructif.
Vous devez l'encourager avec une phrase qui naturellement l'emmènera à vous répondre « Merci ».
Et finir par un merci de sa part est très constructif.

Exemples :
- «*Je suis convaincue que vous réussirez, c'est important pour nous tous, mais aussi surtout pour vous.*»
- «*Je suis ravie de cette discussion très constructive. Je vous remercie de ce dialogue positif.*»
- «*Je n'ai jamais douté de vos capacités.*»

Quelques règles du feed-back constructif
- Ne faites jamais de remarques négatives en public : isolez la personne.
- N'utilisez jamais de généralités, mais toujours des faits circonstanciés. On parle de ce qui s'est passé pas de la personnalité du collaborateur.
- Assurez-vous concrètement des faits : attention à ne pas croire tout ce que l'on vous raconte.
- Utilisez systématiquement le «je» plutôt que le «vous».
- Évitez les «toujours», «jamais».
- Par exemple : «*Je pense qu'en ce moment c'est un problème de réveil*» plutôt que «*Vous arrivez toujours en retard*».
- «J'ai constaté que votre cabine n'est pas tout le temps impeccable» plutôt que «votre cabine n'est jamais propre».

Quelques expressions utiles pour commencer l'entretien et minimiser l'intensité du reproche afin de rester sur un dialogue constructif :
- J'ai l'**impression** que...
- Il me **semble** que...
- J'ai **constaté** que...
- Je n'ai **pas compris** pourquoi...
- J'ai été **déçue** de voir que...
- Je m'aperçois que c'est évident pour moi, mais que je n'ai peut-être pas pris **le temps de vous l'expliquer.**
- Je me suis **sentie agacée.** J'ai l'habitude de...

Ces techniques simples peuvent vous donner l'impression que vous allez y passer trop de temps.

Mais rappelez-vous l'absence de résultats et surtout l'engrenage négatif qui s'installe si vous ne consacrez pas les quelques minutes nécessaires à un bon feed-back constructif.

Vous serez payée en retour par des résultats positifs et une meilleure ambiance de travail. Vous serez surprise par la reconnaissance de votre équipe à la faire évoluer.

Bienvenue dans le monde du management et bon feed-back à toutes.

Exemple de sketch complet d'un feed-back constructif sur le retard

Phase 1 : Donner un rendez-vous ferme.

Vous : «*Jessica, j'ai besoin de vous voir, je vous attends dans mon bureau à 15 heures, j'ai bloqué ce temps sur le planning*». (À vous de tout prévoir pour qu'elle ne trouve pas d'excuse pour retarder ce moment).
Jessica : «*Ah bon, mais pourquoi ?*»
Vous : «*D'après vous pourquoi je vous donne rendez-vous ?*» «*Vous le saurez à 15 h, à tout à l'heure*» (Prenez l'habitude lors des feed-back de répondre par des questions et de fermer très vite l'échange si besoin).

Phase 2 : Faire dire le problème et Chercher à comprendre.

Vous : «*Alors, Jessica, d'après vous pourquoi je vous ai convoquée ?*»

(Pour que le feed-back soit accepté, il faut que la collaboratrice trouve elle-même le reproche, c'est une première façon pour elle d'accepter cet échange).
Jessica : «*Je ne sais pas, pour m'augmenter ?*»

(Dès que vous sentez que vous pouvez être déstabilisée, ou que vous voulez garder le leadership, répondez par une question).
Vous : «*Pensez-vous que je vous aurais donné un rendez-vous dans mon bureau pour vous annoncer une bonne nouvelle ?*»
Jessica : «*Bah je ne vois pas.*»
Vous : «*Je vous aide, c'est quelque chose qui arrive à l'ouverture*»

(N'hésitez pas à l'aider pour ne pas que ce moment finisse en cul-de-sac).
Jessica : «*Ah oui j'arrive un peu en retard.*»
Vous : «*Oui c'est exactement pour cela que je vous ai convoquée aujourd'hui.*»

Jessica : « *Ah OK je vais faire attention.* »

(À ce moment-là de l'échange, Jessica a compris l'objet de votre rendez-vous, elle va vouloir mettre fin à l'entretien en vous disant qu'elle a compris et qu'elle va faire attention. Il ne faut pas craquer et respecter toutes les phases du feed-back pour qu'il fonctionne vraiment).

Chercher à comprendre

Vous : « *Et à quoi sont dus ces retards ?* »

Jessica : « *Bah mon train est à 8 h 15, il arrive à 8 h 50 et j'ai moins de 10 minutes de marche, pour arriver 2 minutes avant l'ouverture, je suis donc à l'heure.* »

Vous : « *Donc c'est juste un problème d'horaires de train.* »

Jessica : « *Oui.* »

Phase 3 : Faites prendre conscience des conséquences négatives

(C'est la phase la plus importante, et comme Jessica, vous n'avez qu'une seule envie, finir le feed-back. Mais non, il faut absolument creuser jusqu'au bout les conséquences négatives du reproche. Ne lâchez rien)

Vous : « *Et il vous faut combien de temps pour dire bonjour, vous préparer et être opérationnelle ?* »

Jessica : « *Je ne sais pas, 5 minutes.* »

Vous : « *Mais si c'est 5 minutes, vous retrouvez votre cliente à 9 heures passées, elle est déjà arrivée depuis au moins 5 minutes et commence à s'impatienter.* »

Jessica : « *Ah OK je vais faire attention.* »

Vous :« *Jessica, il ne suffit pas de faire attention pour être à l'heure, mais avant de trouver des solutions, quelles sont d'après vous les conséquences de ces retards qui, je vous le rappelle, sont réguliers ?* »

Jessica :« *Mes clientes ne me disent rien.* »

Vous : « *Peut-être à vous, mais que pensez-vous qu'elles me disent à moi ?* »

(Même si les clientes ne vous ont encore rien dit, utilisez leurs poids pour une meilleure prise de conscience).

Jessica : « *Je ne sais pas.* »

Vous :« *Réfléchissez.* »

Jessica : « *Que ce n'est pas cool.* »

(Dès que l'entretien tourne en rond ou que votre collaboratrice fait semblant de ne pas comprendre, donnez un exemple l'impliquant comme suit).

Vous : « *Si votre coiffeuse arrive après vous pour votre coupe, que vous avez dû attendre ne serait-ce que quelques minutes, le temps qu'elle se change, fasse la bise à ses collègues, s'attache les cheveux, prenne ses outils, dans quel état seriez-vous ?* »
Jessica : « *Bah oui, je serais agacée.* »
Vous : « *Donc comment sont vos clientes lorsque vous leur faites la même chose ?* »
Jessica : « *Agacées.* »
Vous : « *Et pensez-vous qu'elles ont envie de passer avec vous pour leurs prochains rendez-vous ?* »
Jessica : « *Bah pas trop.* »

(Vous pouvez aussi vous mettre à la place de Jessica et d'anticiper ses pensées).

Vous : « *Vous allez me dire que c'est juste sur une cliente, mais comme cela arrive presque tous les jours, quel est le risque pour vous si toutes vos clientes ne veulent plus passer avec vous ?* »
Jessica : « *Je n'aurai plus de cliente.* »
Vous : « *Et qu'est-ce que je fais de vous si vous n'avez plus de cliente ?* »
Jessica : « *Vous n'allez pas me garder.* »

(En aucun cas vous ne devez vous lui dire que vous n'allez pas la garder, elle prendrait cela pour du chantage et vous risquez un prud'homme. Mais vous avez le droit de lui faire dire ☺).

Vous : « *Et quand vous commencez votre prestation avec 5 minutes de retard, votre cabine ne devient disponible pour vos collègues qu'avec 5 minutes de retard. Comment elles le vivent ?* » « *Que pensent-elles de vous à ce moment ?* »
« *Que pensent leurs clientes qui commencent leurs prestations en retard à cause de vous ?* »
« *Quelles perceptions ont vos collègues, les clientes et moi de vous ?* »

Jessica : « *Je ne m'étais pas rendu compte de tout cela, elles vont me détester et vous n'allez pas me garder.* »

Vous : « *Et, est-ce que c'est ce que vous souhaitez ?* »

Jessica : « *Non, bien sûr, je vais arriver à l'heure maintenant.* »

(Voilà la prise de conscience est effective, vous pouvez passer à la phase suivante).

Phase 4 : Chercher des solutions pour changer ça

Vous : « *Très bien, Jessica, mais comment allez-vous faire puisque ce train, vous fait arriver au mieux à 8 h 58 ?* »

(N'oubliez pas que c'est à elle de trouver les solutions pour qu'elle les accepte).

Jessica « *Je vais prendre le train de 8 heures qui arrive à 8 h 40 comme ça je serai là vers à 8 h 48 et j'aurai le temps de me préparer et d'accueillir ma cliente à l'heure* »

Phase 5 : Reformulez l'engagement

Vous : « Très bien, Jessica, pouvez-vous me faire une synthèse de cet entretien ? »

Jessica : « *Je ne m'étais pas rendu compte des conséquences de mes petits retards et sur la vision que pouvez avoir mes collègues, les clientes et vous de moi.* », « *Que je pouvais perdre mon travail.* » et « *qu'il faut absolument que je sois à l'heure pour accueillir mes clientes et pour cela je vais prendre le train d'avant* ».

Vous : « *Et comment allez-vous faire pour ne pas rater le train de 8 heures ?* »

Jessica : « *Je vais de suite avancer mon réveil sur mon smartphone de 15 minutes pour demain.* »

Phase 6 : Encourager

Vous : « *Très bien, Jessica, j'étais sûre que vous comprendriez et que vous sauriez trouver les bonnes solutions, je vous remercie* ».

Jessica : « *Merci aussi.* »

Voilà comment un feed-back constructif doit se dérouler.

Comme vous avez dû vous-même en prendre conscience, un feed-back négatif n'est pas simple. Pour vous donner toutes les chances de le réussir, vous devez le préparer par écrit en respectant toutes les phases. Il faut imaginer toutes les réponses ou excuses farfelues ou mensongères que pourra utiliser votre collaboratrice.

Vous pouvez trouver de l'aide pour le faire, votre conjoint(e), votre responsable, ou une consœur).

Passons maintenant au beaucoup plus facile.

Notes

XI

LE FEED-BACK POSITIF

Le feed-back positif se fait en une seule phase.

C'est juste un compliment, une reconnaissance, une annonce, un merci, un pouce levé, un applaudissement, un post-it avec un smiley.

Le feed-back positif est tout simplement une reconnaissance pour un travail bien fait, pour une mission accomplie, pour un objectif atteint, pour un bon comportement, pour une prise d'initiative, une bonne réponse, etc.

Et pour rappel la reconnaissance est la meilleure des motivations du salarié.

Soyez généreux en feed-back positif, cela n'apporte que du bonheur et de la motivation.

Exemple :
« Joyce, je tiens à vous féliciter pour avoir réussi ce mois-ci à réaliser votre objectif de chiffre d'affaires du mois, mais surtout à l'avoir dépassé de 20 % ».

Ou devant l'équipe ce qui lui conférera plus de valeur :

«Joyce, je tiens à vous féliciter pour avoir réussi ce mois-ci à réaliser votre objectif de chiffre d'affaires du mois, mais surtout à l'avoir dépassé de 20 %, ce qui permet d'atteindre grâce à vous l'objectif total de l'équipe». «Je crois que l'on peut toutes applaudir Joyce».

Je suis sûr que Joyce s'en souviendra toute sa vie ☺

Vous pouvez suivant les cas donner du feed-back positif juste avec un geste (pouce levé) pour une petite action effectuée. Ou faire le tour de l'institut et coller des Post-its avec un smiley sourire quand la cabine de Joyce est nickel. Ou mettre un mot dans votre cahier de correspondance. Ou envoyez un SMS si vous n'êtes pas sûre de voir votre salariée le jour même. Tous les gestes d'intentions sont bons.

- **Félicitez, par écrit ou oralement : c'est l'une des premières sources de motivation.**
  Pour l'exemple de Joyce qui a déjà était félicitée en public, vous pouvez aussi joindre un petit mot à son chèque de paie. «Joyce, je tiens une fois de plus à vous féliciter pour le dépassement de votre chiffre d'affaires du mois». Imaginez sa surprise. Et d'après vous que va-t-elle faire de ce petit mot? Le jeter ou le faire voir à son entourage et le garder dans son dossier?

- **Exprimez votre reconnaissance en public pour un travail bien fait.**
  Un compliment en public a 10 fois plus d'impact qu'en privé.

- **Donnez une grande importance aussi aux petites choses.**
  Lorsque l'on confie une petite mission, nous avons tendance à minimiser son importance et surtout à ne pas féliciter la personne pour une chose aussi simple.

Exemple :
Vous avez demandé à votre apprentie de sortir le sceau à parapluie dès que la météo annonce de la pluie. Eh bien si elle y a pensé, vous devez lui faire voir que vous l'avez vu et que vous êtes satisfaite. Pour cette action simple, vous devez au moins lui faire un sourire accompagné d'un pouce levé. Dans le cas inverse, elle ne sortira pas le sceau à la prochaine pluie.

- **Encouragez tout au long d'un long projet.**

Nous l'avons vu dans la motivation des équipes, lorsque la mission dure, il faut continuer de soutenir la personne avec des petits mots ou gestes de satisfaction.

Vous avez maintenant les clefs du recrutement, de la motivation des équipes, de l'évaluation des équipes, du coaching, du langage positif, de la délégation, du feed-back constructif, du feed-back positif, il nous reste à voir comment faire avancer cette équipe sur vos objectifs.

Notes

XII

LA GESTION PAR OBJECTIF

En tant que capitaine de votre navire, vous avez des caps, des azimuts, des objectifs, des projets à réaliser.

Vous ne pouvez pas y arriver seule, il va falloir embarquer votre équipe, lui donner des missions de groupes, des missions individuelles et les soutenir tout au long de ces missions.

Pour cela vous allez suivre 3 objectifs :
- **La définition des objectifs de groupe**
- **La définition des objectifs individuels**
- **Le suivi des objectifs**

1 La définition des objectifs de groupe

Étape 1 : Avoir un projet

Il est primordial dans un premier temps de définir votre projet.
Ce n'est pas parce que vous vous réveillez un matin en vous disant :
«*Je veux augmenter mon chiffre d'affaires de 20 %*» que cela suffit pour le réaliser.

Le succès dépend de la capacité à se fixer un but et à établir un plan d'action pour l'atteindre.

Il faut donc :
Se fixer un but et le poursuivre avec persévérance.

Donc dans ce cas votre but devient :

Augmenter le CA de mon affaire de 20 %

Étape 2 : Bâtir son projet

Pour mieux visualiser votre projet, prenez un paperboard papier.
Il vous servira aussi pour faire votre présentation à l'équipe grandeur nature.

Ou si vous préférez créer un PowerPoint et :
1. Matérialiser le projet : écrit, quantifié, daté.
2. Identifier les cibles. La cible est l'endroit précis où le plus petit effort donne le plus gros résultat.
3. Élaborer un plan d'action daté pour chacune des cibles.
4. Mettre en place un système de contrôle.

Exemple :
Votre projet en page 1

Augmentation de mon CA de 20 % versus année N-1

Année écoulée CA = 150 000 € HT
Objectif de cette année : 180 000 € HT

Cibles :
• Développer le panier moyen de mes clientes fidèles.
• Recruter de nouvelles clientes.

Plan d'action : à 3 mois.
- Former mes esthéticiennes aux techniques d'enchaînement des ventes (En e-learning avec la formation et son livre sur la vente de Dominique Pierson bien sûr ☺).

- Travailler sur des logiques de forfait soin ou soin + produits.

- À 6 mois, avoir mis en place des mailings ciblés d'offre découverte.

- Établir des partenariats avec des amis commerçants installés dans des zones plus fréquentées.

Le contrôle :
- Contrôler le panier moyen de mes esthéticiennes, contrôler le nombre de cartes de nouvelles clientes créées tous les mois.

Voilà pour votre projet.
Maintenant il faut le décliner en objectifs individuels pour vos collaborateurs.

- À partir de votre projet, vous allez pouvoir déterminer des objectifs pour focaliser l'énergie de vos collaborateurs et obtenir des résultats.

- Ces objectifs devront être communiqués et analysés de façon régulière avec l'équipe.

2 Le suivi des objectifs individuels

- Décomposer l'objectif global en sous-objectifs par semestre, trimestre, mois, semaine sur le paperboard ou PowerPoint.

Exemple :
Objectif de cette année : 180 000 € HT
Soit une augmentation de : 30 000 € HT
Soit par mois + 2500 € HT
Soit pour chacune de nous quatre : 625 € HT par mois
soit 31 € HT par jour

Voilà comment les 30 000 € HT qui paraissaient impossibles deviennent possibles.

- Décomposer et dater les missions de chaque collaborateur.
- Prévoir du temps pour faire le point régulièrement tous ensemble. Prévoyez des briefings hebdomadaires pour le suivi et le contrôle.
- Prévoir du temps pour l'imprévu.

Une fois clairement établi, vous pouvez réunir votre équipe et présenter votre projet.

Faire adhérer son équipe au projet

- Donner de la hauteur en aidant l'équipe à avoir une vision du futur, un rêve (*Mesdames, une fois cet objectif atteint, nous pourrons agrandir l'institut en louant le local voisin*).

- Donner de la profondeur en donnant les moyens à l'équipe de pouvoir réaliser le projet (*nous ne pouvons que réussir avec l'ensemble des moyens mis en place*).

- Donner de la largeur en aidant l'équipe à vivre ensemble autour de ce projet, en les encourageant (*je sais que je peux compter sur votre motivation professionnelle pour ce projet commun*).

Voilà, vous avez maintenant les clefs du management d'équipe.

Manager est un métier à part entière.

C'est celui qui consiste à obtenir de hautes performances durables avec une équipe.

Je vous souhaite donc de belles réussites humaines avec vos équipes

Je reste à votre disposition pour toutes questions
concernant le management

Voici mon email
pierson@dp-training.com

Abonnez-vous à mon Facebook
Dominique Pierson

Likez ma page Facebook
dominiquepiersondptraining

Devenez amie sur mon groupe Facebook
«teammethodepierson»
Vidéos, conférences et tutos gratuits

Suivez-moi sur Instagram et TikTok
«dominique pierson»

Visitez mon site et découvrez mes cours en ligne
www.methode-pierson.com

Et mon premier livre
*Comment vendre des produits cosmétiques
sans forcing et sans culpabiliser*

Avant quelques rubriques sur le management

VOICI UNE SYNTHÈSE
DES PHASES PRATIQUES DU LIVRE

Le rôle du manager

1. Animer son équipe
2. Être le moteur de son magasin

Le rôle du manager est d'animer son équipe pour développer du chiffre d'affaires dans son institut.

La performance de votre personnel
=
Mix de compétences et de motivation

Le rôle du manager d'équipe

- Recruter les bonnes personnes au bon poste.
- Renforcer les compétences (formation, mises en situation, feed-back négatif et positif...).
- Développer la motivation.

Les qualités du manager

1. Motivateur... «Donne envie»
2. Organisateur... «Structure»
3. Harmonisateur... «Rassemble, fédère»

La performance du manager se mesure en termes de résultats.

Recruter son équipe

Engager les bonnes personnes est l'une des tâches les plus importantes des managers.
N'hésitez pas à y consacrer du temps, ce sera du temps gagné ensuite.

Commencez par bien définir vos besoins pour ensuite pouvoir trouver «la bonne personne».

Définir ses besoins – Le poste à pourvoir

1. Listez les critères d'évaluation de vos candidates.
2. Si le poste est nouveau, profitez-en pour définir la candidature idéale. Listez les tâches, l'expérience souhaitée.
3. Si le poste existe déjà, redéfinissez-le avec précision. Précisez dans le détail tout ce que vous attendez de votre employée et que vous n'arriviez peut-être pas à obtenir de votre ancienne employée.

Définir ses besoins – Les caractéristiques de l'employée

Listez les qualités souhaitées.

Trouver la bonne personne – où chercher ?

N'attendez pas que l'on se présente à vous spontanément. Listez les meilleures façons de trouver votre candidate.
• En interne. Une promotion est-elle possible ?
• Le bouche-à-oreille : collaborateurs, collègues sont souvent une bonne source d'informations.
• Les écoles : renseignez-vous sur les possibilités de stages. Cela peut déboucher sur une embauche.
• Les magazines professionnels
• Les associations professionnelles
• Les sites internet de magazines
• Les réseaux sociaux
• L'affichage sur votre vitrine
• Pôle emploi

Trouver la bonne personne – Entretien en 5 étapes ?

1. Accueillez vos candidates : mettez-les à l'aise
2. Faites le résumé du profil de l'emploi, le style de personne que vous recherchez.
3. Posez vos questions préparées à l'avance.
4. Repérez les forces et faiblesses de la candidate.
5. Concluez l'entretien.

Demandez si la candidate a des questions supplémentaires (cela peut permettre d'apprécier son intérêt réel pour le poste).

Trouver la bonne personne – Poser les bonnes questions ?

N'hésitez pas. Si vous voulez savoir quelque chose, demandez-le.

- Qu'est-ce qui vous a donné envie de vous présenter à ce poste ?
- Que pouvez-vous faire pour nous ?
- Qu'avez-vous apprécié dans vos expériences passées ?
- Qu'est-ce que vous ne souhaitez vraiment pas faire ?
- Comment vous voyez-vous ? Forces/faiblesses ? Au travail ? Dans la vie privée ?
- D'après vous, que pensent vos amis, vos anciennes collègues de vous ?
- Comment êtes-vous organisée pour vos enfants ?
- Que souhaitez-vous faire après ce poste ? Etc.

Soyez le moins impressionnante possible. Plus le candidat est en confiance, plus il se dévoile et plus vous avez de chances de savoir vraiment qui vous recrutez.

Trouver la bonne personne – évaluation ?

Vérifiez. C'est la clé et on oublie pourtant souvent de le faire.

- Vérifiez les références académiques. Appelez son école (on se souvient toujours des très bons et des très mauvais éléments). Vérifiez au besoin ses diplômes.

- Contactez ses anciens employeurs.
- Demandez-vous comment cette personne va s'intégrer dans votre équipe actuelle. Quel rôle va-t-elle y jouer ? Comment risque-t-elle de se comporter ? Au besoin, si possible, demandez l'avis de votre bras droit.

Savoir motiver son équipe

« Raconte-moi, j'oublie
Montre-moi, je m'en souviens
Implique-moi, je comprends »

But de la motivation ?

Le but de la motivation, c'est de donner
au collaborateur des raisons d'agir.
Agir pour lui, pour son évolution personnelle.
Agir également dans le même but que vous,
vers le but que vous avez choisi.

10 moyens simples de motiver votre personnel

1. Remercier personnellement pour un bon travail, oralement ou par écrit. Faites-le souvent et sincèrement.
2. Prendre le temps de rencontrer les employées et de les écouter.
3. Soutenir vos employées tout au long d'un travail.
4. Reconnaître et récompenser les meilleures.
5. Informer des objectifs de la société. Expliquer le rôle de tous à chacun.
6. Impliquer les employées dans les décisions. La participation équivaut à l'engagement.
7. Leur donner des possibilités de progresser et d'apprendre de nouvelles techniques.
8. Leur donner un sentiment de propriété de leur travail (ex : cartes de visite pour tous).
9. Créer un cadre de travail ouvert. Encourager les suggestions.
10. Célébrer les succès de la société ensemble.

10 raisons principales de démotivation de son personnel

1. Un travail routinier,
2. Un travail sans responsabilités,
3. Non-reconnaissance d'un travail bien fait,
4. Non-information, non-participation,
5. Injustice,
6. Médiocrité des relations avec les collègues,
7. Médiocrité des relations avec la hiérarchie,
8. Mauvaises conditions de travail,
9. Conditions de rémunération jugées insuffisantes,
10. Problèmes liés à la vie privée du collaborateur.

SAVOIR DÉLÉGUER

Pourquoi déléguer ?

- Mieux gérer son temps.
- Faire face à une surcharge de travail.
- Utiliser et développer les compétences de ses collaborateurs.
- Augmenter leur sens des responsabilités.
- Développer la motivation au travail.
- Installer la confiance.
- Vous concentrer sur l'essentiel.

Comment déléguer ?

1. Informez. Décrivez exactement ce que vous attendez de vos collaborateurs, donnez-leur des délais.
2. Expliquez. Pourquoi la mission doit-elle être accomplie ? Quelle est son importance ?
3. Déterminez les moyens réalistes à utiliser pour assurer le succès de la réalisation.
4. Soutenez. Fournissez les moyens et les conseils nécessaires.
5. Accordez de l'autorité à vos employés afin qu'ils se sentent responsables.
6. Obtenez l'engagement des employés. Assurez-vous que votre collaborateur est prêt à s'investir dans ce travail et qu'il a bien compris le

but à atteindre.

FORMULATIONS ET MÉTHODES DE COACHING DES ÉQUIPES

La coach ne cherche pas
Le pourquoi ça ne marche pas, mais le comment faire pour que ça marche.
Dans le coaching de vos équipes, RÉPONDEZ à une question ou à une affirmation par une QUESTION et

REMPLACEZ :

Pourquoi n'y arrivez-vous pas ? Par...
Comment allez-vous faire pour y arriver ?

Pourquoi n'avez-vous pas de temps ? Par...
Comment allez-vous trouver du temps ?

Pourquoi avez-vous du mal à demander de l'aide ? Par...
Comment pourriez-vous obtenir de l'aide naturellement ?

Pourquoi ne posez-vous pas plus de questions ? Par...
Comment allez-vous faire pour poser plus de questions ?

L'objectif :

1. Mettre l'autre en réflexion
2. Ne pas affirmer
3. Lui faire dire la réponse

Le feed-back négatif : comment le faire ?
• Donnez un rendez-vous ferme
• Cherchez à comprendre
« Que se passe-t-il ? »,
écoutez,
orientez la personne sur des faits.

Faire prendre conscience des conséquences négatives et positives.

Cherchez des solutions pour changer ça :
« Que proposez-vous pour que ça ne se reproduise pas ? »
« Comment pensez-vous pouvoir y remédier ? »
Exigez du concret.

Reformulez l'engagement :
À partir d'aujourd'hui, vous vous engagez à..., c'est bien cela, n'est-ce pas ?

Encouragez :
*« Je suis convaincue que vous réussirez, c'est important pour nous tous.
Et surtout pour vous ».*

Le feed-back positif :
- Félicitez, par écrit ou oralement : c'est l'une des premières sources de motivation.
- Exprimez votre reconnaissance en public pour un travail bien fait.
- Donnez une grande importance aussi aux petites choses.
- Encouragez tout au long d'un long projet.

LA GESTION PAR OBJECTIFS

Étape 1 : Avoir un projet

- Se fixer un but.
- Le poursuivre avec persévérance.
- Le succès dépend de la capacité à se fixer un but et à établir un plan •
  d'action pour l'atteindre.

Étape 2 : Bâtir son projet

- Matérialiser le projet : écrit, quantifié, daté.
- Identifier les cibles. La cible est l'endroit précis où le plus petit effort donne le plus gros résultat.
- Élaborer un plan d'action daté pour chacune des cibles.
- Mettre en place un système de contrôle.

XIII

QUELQUES RUBRIQUES EN BONUS POUR VOUS AIDER

Question d'Aude de Bruges

Dominique,

Je profite de cette question pour vous remercier de l'aide que vous avez donnée pendant et depuis la formation « Savoir manager ses équipes en institut » en début d'année.

Malgré les efforts et les résultats obtenus, je suis toujours en attente de conseils pour être encore meilleure manager et mieux transmettre. J'aimerais encore quelques conseils.

Aude,

Je vous félicite pour votre pugnacité à vouloir faire toujours mieux.

Chaque manager investi par ce nouveau rôle cherche toujours à bien faire les choses et lutte chaque jour pour atteindre ou mieux faire atteindre, les objectifs définis.

Malheureusement ce métier de manager demande beaucoup d'énergie et de motivation linéaire.

Les quelques lignes qui vont suivre, et que j'ai voulu concrètes, vont, je l'espère, vous guider vers votre objectif.

Chaque manager a une motivation naturelle, qui est liée au besoin de réussir, de faire plaisir aux équipes et aux clientes et généralement par la pile de factures à régler ☺

Comment gérer et transmettre cette motivation ?

Le transfert de motivation

La performance d'une entreprise se joue sur la passion du manager :
1. Pour le produit (menu des soins, offres spécifiques, marques cosmétiques), passion qui devient l'**innovation** ;
2. Pour les clientes, passion qui devient l'**esprit de service** ;
3. Pour les équipes et les résultats, passion qui devient la **motivation collective**.

Les résultats de votre équipe dépendent directement de votre capacité à partager votre passion avec elles.

Pour entretenir votre passion, projetez-vous dans 1 ou 2 ans.

Établir son projet de manager

- Quel manager voulez-vous être dans 1 ou 2 ans ?
- En termes d'attitude, quel style de manager voulez-vous avoir ?
- Quelles qualités votre équipe vous reconnaîtra-t-elle ?
- En tant que manager, qu'aurez-vous réussi d'ici 1 ou 2 ans ?
- Qu'est-ce qui vous empêche d'y parvenir aujourd'hui ?

Les 4 Axes du manager
1. Le client. Ce sont les clients qui font vivre l'institut.
2. Les produits. L'ensemble des prestations et offres mises en place pour produire votre service.
3. L'équipe. Le manager délègue.
   La réussite de son équipe est la sienne. Le manager déploie des outils

pour accroître la compétence et la motivation de son équipe.

4. <u>La gestion.</u> Le manager gère le temps ; la production en quantité, qualité et délai ;
Les objectifs de l'équipe et de chaque collaborateur ; les moyens mis à sa disposition.

Quelques minutes de réflexion – L'équipe (au sens large)

- Qu'attendez-vous de votre équipe ?
- Qu'est-ce que votre équipe attend de vous en tant que responsable ?
- Qu'attendez-vous de vos partenaires (marques, sous-traitants, fournisseurs) ?
- Qu'attendez-vous de votre comptable, banquier, associé ?

Définir ses responsabilités

- Êtes-vous dévorée par une responsabilité ou deux ?
- Quelles sont les responsabilités que vous n'assumez pas entièrement ?
- Quelles en sont les conséquences ?
- Que décidez-vous de faire pour assumer toutes vos responsabilités ?
- Quelles sont les personnes présentes derrière chaque responsabilité ?
- Savent-elles ce que vous attendez d'elles ?
- Et vous, qu'attendent-elles de vous ?
- Dans quelles responsabilités devez-vous augmenter votre niveau de compétence ou de plaisir ?

Pour réussir de façon épanouissante, intégrez les trois axes prioritaires à votre développement :
- **Compétence**
Comment développer les compétences de chacun des acteurs qui influent sur la réussite de mon affaire ?
- **Plaisir**
Comment prendre et faire prendre du plaisir à tous (équipe, clientes, fournisseurs, et vous-même) tout en appliquant vos directives ?
- **Résultats**
Comment trouver les moyens et actions pour atteindre les résultats définis ?

Moyens de prendre sa place de manager

1. Soyez exigeant pour vous-même et votre équipe.
2. Exprimez clairement vos demandes : ce que vous voulez et pour quand.
3. Sachez à qui vous pouvez déléguer quoi.
4. Obtenez immédiatement l'information dont vous avez besoin.
5. Coupez votre temps habituel de rendez-vous par 2.
6. Répondez aux problèmes immédiatement. Évitez les solutions provisoires.
7. Ne tolérez plus ce que vous n'aimez pas. Respectez-vous et faites-vous respecter.
8. Donnez de la valeur à votre parole.
9. Renforcez vos systèmes et vos contrôles.
10. Sachez dire non.

Voici quelques structures de management volontairement sous forme de questions qui vous amèneront à la réflexion et à la solution vis-à-vis de votre affaire, vos équipes et votre objectif.

Bonne réflexion
Dominique

Question de Delphine de Strasbourg
(Extrait déjà vu dans les premiers chapitres)

Je suis gérante d'un institut et j'essaie de manager une équipe de 4 esthéticiennes.

Au printemps dernier, sous la pression de mes clientes et à la vue de mon planning chargé, j'ai dû recruter une esthéticienne supplémentaire.

Mon choix s'est arrêté sur une jeune fille titulaire de son BP, professionnelle au demeurant. Mais je me rends compte aujourd'hui qu'elle ne convient pas vraiment à l'esprit et au type de clientèle de mon affaire.

Sans technique précise de recrutement, je me suis peut-être trompée.

Quels sont vos conseils ?

Chère Delphine,

Vous venez, comme tout responsable d'équipe, de subir un des écueils du management. Le recrutement reste une des tâches les plus délicates de votre fonction. Vous devez en quelques minutes et au mieux quelques heures identifier la perle rare à travers les curriculum vitæ et les présentations spontanées d'esthéticiennes en quête de travail.

J'ai pu constater lors de mes formations au management que les scénarios de recrutement se ressemblaient. Le constat est que cette décision vitale pour le bon fonctionnement des instituts est très souvent prise dans la hâte et répond à une urgence liée au planning saturé. Il est difficile de faire « vite et bien », et surtout sans préparation.

Comme pour beaucoup, le succès d'une mission repose sur le soin de sa préparation et, ensuite, de sa pratique régulière.

Malheureusement, il peut arriver que vous soyez novice dans le métier de chef d'entreprise. Vous pensez que pour assurer la réussite de votre affaire, il faut multiplier les clientes et les rendez-vous de soin. Débordée, vous avez alors besoin d'aide et, pour cela, vous décidez de recruter une esthéticienne supplémentaire.

Sans formation au recrutement, les critères déterminants pour choisir la perle qui va rejoindre votre équipe sont principalement basés sur votre feeling et sur un test en cabine.

Je vous rassure, nouveaux chefs de services ou nouveaux patrons, nous sommes tous passés par l'écueil du recrutement.

Que faire ? PRÉPARER ET PRATIQUER.

Voici donc les bases simples, mais indispensables, du recrutement.

Recruter son équipe

Engager les bonnes personnes est l'une des tâches les plus importantes des managers. N'hésitez pas à y consacrer du temps : ce sera du temps gagné ensuite.

Commencez par bien définir vos besoins pour ensuite pouvoir trouver « la bonne personne ».

Définir ses besoins – le poste à pourvoir

Listez les critères d'évaluation de vos candidates.
Si le poste est nouveau, profitez-en pour définir la candidature idéale. Listez les tâches, l'expérience souhaitée. Si le poste existe déjà, redéfinissez-le avec précision. Notez dans le détail tout ce que vous attendez de votre employée et que vous n'arriviez peut-être pas à obtenir de votre ancienne employée.

Définir ses besoins – les caractéristiques de l'employée

Listez les qualités souhaitées.

Par exemple :

Sociable, expérimentée, stable, motivée, responsable, capacité à pouvoir s'intégrer dans une équipe, capacité à aller au-delà de ses habitudes d'esthéticienne. Ex. : « Et si entre deux soins cabine je vous demandais de distribuer des prospectus aux passants, qu'en pensez-vous ? ».

Trouver la bonne personne – Où chercher ?

N'attendez pas que l'on se présente à vous spontanément. Listez en permanence les meilleures façons de trouver votre candidate.
- En interne : Une promotion est-elle possible ?
- Les écoles : renseignez-vous sur les possibilités de stages. Cela peut déboucher sur une embauche. Attention, attachez autant d'importance au recrutement d'une stagiaire ou d'une apprentie qu'à celui d'une salariée.
- Les magazines professionnels
- Les associations professionnelles
- Les sites internet
- L'affichage sur votre vitrine (permet plus facilement de recruter une personne du quartier)

Entretien : 5 étapes

Accueillez vos candidates : mettez-les à l'aise en posant des questions sur le temps, la difficulté de trouver, de se garer... Faites le résumé du profil de l'emploi, le style de personne que vous recherchez. Posez vos questions préparées à l'avance.

Repérez les forces et faiblesses de la candidate. Au besoin, posez directement la question : « d'après vous, quelles sont vos forces et vos faiblesses ? ».

Concluez l'entretien. Demandez si la candidate a des questions supplémentaires (cela peut permettre d'apprécier son intérêt réel pour le poste). Remerciez de son intérêt et dites-lui quand elle peut espérer une réponse.

Entretien : posez les bonnes questions

N'hésitez pas. Si vous voulez savoir quelque chose, demandez-le. Pourquoi vous présentez vous chez nous ? Que pouvez-vous faire pour nous ? Qu'avez-vous apprécié dans vos expériences passées ? Qu'est-ce que vous ne souhaitez vraiment pas faire ?

Comment vous voyez-vous ? Vos qualités/défauts ? Vos forces/faiblesses ? D'après vous, que pensent vos amis, vos anciennes collègues de vous ? Comment êtes-vous organisée pour vos enfants ? Que souhaitez-vous faire après ce poste ? Etc.

Soyez le <u>moins</u> impressionnante possible. Plus le candidat est en confiance, plus il se dévoile et plus vous avez de chances de savoir vraiment qui vous recrutez.

Évaluation

<u>Vérifiez.</u> C'est la clé et on oublie pourtant souvent de le faire.

Vérifiez les références académiques. Appelez son école (on se souvient toujours des très bons et des très mauvais éléments). Vérifiez au besoin ses diplômes.

Demandez-vous comment cette personne va s'intégrer dans votre équipe actuelle. Quel rôle va-t-elle y jouer ? Comment risque-t-elle de se comporter ? Au besoin, si possible, demandez l'avis de votre bras droit.

Vous devez rencontrer un minimum de personnes avant de prendre votre décision définitive et irrémédiable (difficile de juger une personne pendant son mois d'essai, de plus, le gros de son activité se déroule hors de votre vue, en cabine...)

Pour que votre sélection soit objective, vous devez globalement avoir le même comportement, les mêmes questions, le même temps pour chacune des postulantes.

Il est nécessaire dans ces conditions d'utiliser une grille d'évaluation commune (si possible avec un système de notation de 1 à 5 par critère).

Vous pouvez, lors de l'entretien, lui demander de simuler un accueil et une vente à une cliente imaginaire. Ce sketch de vente peut être fait en même temps que son essai cabine (quels comportements, quelles attitudes, quelles questions de découverte, etc.) et bien d'autres questions du genre : comment gérez-vous une cliente mécontente, une relation conflictuelle avec une collègue ?

Grille d'évaluation

- Présentation
- Accueil du client
- Prise en charge du client
- Recherche des besoins
- Argumentation
- Présentation des services
- Connaissance des produits
- Réponse aux objections
- Conclusion
- Ventes complémentaires
- Confiance en soi
- Dynamisme
- Attitude positive
- Sens des responsabilités
- Relations avec l'équipe
- Sens relationnel avec la clientèle
- Qualités d'écoute
- Automotivation
- Respect de la hiérarchie
- Capacité aux changements
- Connaissances techniques
- Intérêt pour son secteur d'activité
- Capacité à savoir créer le besoin
- Capacité à être coach
- Sens de la propreté

- Sens du service
- Sens du rangement

Comme vous pouvez le constater, le recrutement nécessite une préparation importante, mais c'est le prix à payer pour simplement minimiser le risque d'erreurs de recrutement.

Comme vous l'avez compris, cette responsabilité de manager est déterminante pour la bonne marche de votre affaire et la bonne entente, entre vos équipes et votre clientèle.
Si votre équipe est constituée de 4 personnes, sachez que chaque personne pèse pour un quart de votre chiffre d'affaires !!! N'hésitez pas donc à y passer du temps.

PS Si vous avez un doute sur une sélection, ne prenez pas de risque. Il n'y a pas de mauvaise travailleuse, mais il y a parfois des personnes au mauvais poste, ou incapables de s'intégrer à votre équipe.

Je tiens à féliciter toutes les dirigeantes qui recrutent, c'est un signal positif de développement.

Dominique

Question de Louane, encore élève en école esthétique

«Quelle est la meilleure façon de rechercher ou de postuler à un emploi?»

En ces temps de crise, je ne suis pas surpris par cette question.
Chaque année, Mesdames les esthéticiennes, vous êtes des centaines à sortir des écoles, votre diplôme en main (pour les plus chanceuses).

Auxquelles il faut ajouter celles de l'année passée qui cherchent toujours un emploi et celles qui veulent en changer (déplacement du conjoint, évolution personnelle, incompatibilité avec la gérante ou l'équipe...).

A priori vous êtes nombreuses en recherche d'emploi et l'on pourrait croire que le marché est saturé.

Et paradoxalement, à moi qui suis sur le terrain, il est fréquent que l'on demande «une bonne esthéticienne»» pour venir renforcer les rangs d'une équipe.

Que se passe-t-il?
Pourquoi d'un côté des personnes qui cherchent un emploi et de l'autre celles qui en proposent sans que les unes et les autres se trouvent?

Naturellement, l'esthéticienne en recherche d'emploi rédige en premier lieu un curriculum vitae (comme elle l'a appris dans son école et avec l'inconvénient d'être stéréotypé).

Puis elle lit les annonces des magazines professionnels et envoie son CV, en réponse aux postes à pourvoir sur sa ville, au mieux sur sa région.
Elle prospecte téléphoniquement ou de visu les instituts et spas des alentours.
Elle active son réseau d'amies esthéticiennes, et attend des réponses.
Cette démarche est naturelle et normale. Mais est-elle suffisante?
Quoi faire de plus?
(Celles qui ont trouvé le savent...)

La devise de DP TRAINING est :

LA SOLUTION PASSE PAR LES QUESTIONS

Cette devise s'applique à presque toutes les situations (vous aurez l'occasion de le voir dans mes autres rubriques).

L'objectif est simple, on se pose des questions avec pour objectif de trouver de vraies réponses.
Quelles questions se poser ? C'est simple, toutes !

Exemples :
• Comment rédiger mon CV ?
Mais avant.
• Quelle fonction ?
• Quelle ville ?
• Quel salaire ?
• Quels avantages ?
• Quelle évolution possible ?
• Quel poste je recherche précisément ?
• Esthéticienne classique (soin de visage et épilation) ?
• Esthéticienne spécialisée (massages, minceur, prothésiste angulaire, manucure) ?
• Spa-praticienne ?
• Responsable cabine ?
• Réceptionniste ou hôtesse ?
• Responsable d'institut ?
• Spa manager ?

Et : où ?
• En centre de beauté traditionnel dit « de quartier » ?
• En institut dit « discount ou rapide » (Body minute, Espace épilation, Citron vert, Esthetic Center ...) ?
• En institut de chaînes ou franchises traditionnelles (Yves Rocher, Docteur Renaud, Simone Mahler, Mary Cohr, Guinot, Pierre Ricaud, les maisons de Beauté Carita...) ?
• En institut de marques (la plupart des fabricants ont leurs propres ins-

186

tituts, soit en adresse unique soit en réseau)?
- En parfumerie avec cabines?
- En institut ethnique?
- En institut bio (mademoiselle Bio)?
- En Beauty -spa (institut traditionnel avec prestation SPA)?
- En Spa urbain?
- En Spa ludique, aquatique (Roya-tonic, Recréa Calicéo...)?
- En média-spa (associé à des pratiques médicalisées comme les injections, le laser...)?
- En Spa resort (étranger)?
- En spa de croisières (si vous voulez voyager et parfaire votre pratique des langues étrangères)?

Et surtout :
- Qu'ai-je à offrir?
- Quelles langues je pratique?
- Quelles sont mes contraintes, mes peurs (habitation, famille, mari, enfants, voyages, disponibilités, capacités à m'adapter, études en cours...)
- Qu'ai-je de plus que mes collègues concurrentes sur un poste?
- Quel est mon objectif à court terme (un ou deux ans)?
- Quel est mon objectif à long terme, comment je me vois dans 10 ans?
Et cetera, et cetera, et cetera.

Et ensuite, lorsque vous avez défini ce que vous êtes capable de donner et ce que vous souhaitez vraiment faire :
- Comment je vais faire pour trouver ce ou ces jobs qui me permettront de réaliser ma carrière?

Eh oui, elle se décide aujourd'hui, dès la sortie de l'école.
Ne pensez pas avoir tout le temps que vous voulez.

Combien de fois lors de mes formations j'entends : «*Oui, mais c'est trop tard pour moi*».

Donc à la question : «Comment rédiger mon CV?»
Vous ne pourrez le rédiger qu'après avoir défini vos objectifs et répondu au moins à ces questions qui ne sont pas les seules, évidemment.

L'avantage c'est qu'une fois que vous aurez pris le temps de définir ce que vous voulez vraiment, tout vous paraîtra plus simple, qu'il s'agisse de la vision de votre carrière ou des pistes de recherche à emprunter.

Quelques astuces pour vous mettre sur la piste.

1. Utilisez les réseaux : LinkedIn, Facebook, Twitter, Instagram et le fameux «bouche-à-oreille».
2. Parlez de vous à tous, faites du buzz autour de vous par tous les moyens.
3. Vous pouvez aussi vous-même passer une annonce dans les supports papier professionnels, les sites Internet de l'esthétique et les blogs. Tout ceci se fait depuis votre PC, sans bouger de chez vous.
4. Sur votre CV, mettez en avant vos qualités humaines, mais surtout relationnelles et commerciales. N'oubliez pas que malgré vos qualités exceptionnelles de don de soi, ce que vos employeurs attendent de vous, et c'est normal, c'est du chiffre d'affaires.
5. Que votre CV tienne sur une page, qu'il soit synthétique et facile à lire.
6. Joignez une lettre de motivation PERSONNALISÉE à l'enseigne ou au poste.
7. Adaptez votre CV aux postes recherchés.
8. Envoyez des CV avec votre photo, même si vous ne vous aimez pas en photo, l'absence de photo risque d'inquiéter.
9. Soyez disponible et réactive, vous êtes jugée dès les premiers mots et sur votre capacité à réagir.
10. Lors de votre premier rendez-vous, ayez une tenue en adéquation avec votre future fonction (malheureusement trop de personnes se présentent en blue jeans, baskets, tongs, piercing et tatouage apparents).
11. Relancez par téléphone après l'envoi du CV (cela permet de juger la motivation).
12. Proposez de vous-même une ou plusieurs journées d'essai.
13. Venez avec des lettres de recommandation (écoles, derniers employeurs, connaissances reconnues comme figures professionnelles).

14. Si vous obtenez un rendez-vous, confirmez la veille votre venue.
15. Lors de ce rendez-vous, pensez à saluer toutes les personnes que vous croiserez. Elles seront peut-être sollicitées pour donner leur avis sur vous.
16. Et pour finir, ne mentez jamais lors de l'entretien et rappelez-vous que vous devez mutuellement vous séduire professionnellement. Vous passerez plus de temps avec vos employeurs et collègues qu'avec vos proches.

En conclusion :

« La solution passe par les questions », alors posez-vous encore les 5 questions auxquelles je n'ai pas pensé.

Bonne réflexion
Dominique

Question de Régine de Bordeaux

Je suis gérante d'un institut de beauté depuis dix ans et je dirige une équipe de cinq d'esthéticiennes. Ma question ne porte pas sur la vente, mais sur une des facettes de notre métier que nous, esthéticiennes, maîtrisons très mal ; le management. En effet, aujourd'hui, avec le recul, je me rends compte que c'est une des phases très, très importantes que nous ne maîtrisons pas ! En résumé, j'ai beau demander plusieurs fois une chose et sur tous les tons sans obtenir de résultats ou de régularité. Existe-t-il une façon magique de demander les choses et qu'elles soient faites ?

Chères Régine, chères lectrices

Je suis ravi que cette question, qui effectivement revient très souvent lors des tours de table pendant mes cours « Savoir manager son équipe », me soit posée via Cabines.

Effectivement, pour la plupart d'entre vous, vous avez découvert le management de façon empirique le jour où votre institut s'est développé et que vous avez dû embaucher votre première apprentie ou salariée.

Vous avez comme toutes essuyé les écueils du management. Après avoir testé la manière sympathique du type : « Allez, les filles, on est une équipe motivée, on y croit, on va faire un malheur ». Mais sans efficacité à long terme, agacée, vous êtes passée à la méthode plus autoritaire (« Il faut faire ça même si ça ne vous plaît pas, c'est comme ça. Aujourd'hui c'est vous, mais la semaine prochaine ce sera Chantal, il faut bien que quelqu'un le fasse ») et après ces deux façons opposées de manager vous avez démotivé votre équipe qui ne comprend pas ce changement et ne fait les choses que lorsque vous êtes derrière elle.

Le management est une qualité rarement innée, je vous rassure, elle s'apprend très bien et très vite ! En effet, il suffit d'appliquer quelques règles pour obtenir de bons résultats.

Plutôt que de demander les choses de façon naturelle et comme elle viennent (ex : « Mesdemoiselles, au moment de l'encaissement vous devez prendre les coordonnées de toutes nos clientes». Les résultats sont peu probants!!!), pour que votre demande soit prise en compte par votre équipe, il faut respecter la règle suivante :

1) Définir le bon moment ;
2) Réunir les intéressées ;
3) Présenter l'objectif ;
4) Faire prendre conscience de l'importance de l'objectif ;
5) Faire prendre conscience des conséquences négatives de la non-application ;
6) Donner les moyens pour atteindre cet objectif ;
7) Établir un moyen de contrôle permanent ;
8) Assistez, soutenez et encouragez vos collaboratrices.

Vu comme ça, je lis dans vos pensées et cela doit ressembler à : «Si à chaque fois que je dois demander quelque chose à mes filles il faut passer autant de temps à suivre cette règle, je ne suis pas assez disponible».

Je vous comprends, mais dans l'absolu cette méthode une fois intégrée va très vite et permet enfin d'obtenir des résultats durables et elle a surtout un grand intérêt ; ne plus répéter les demandes chaque jour et à chaque personne.

Voici comment présenter votre mission :
(1 et 2) Après avoir défini le moment et réuni les intéressées

(3)   «Mesdames, dans le cadre du développement de notre clientèle nous allons d'ici trois mois envoyer un mailing annonçant nos nouveaux soins du corps ainsi que notre promotion sur les forfaits corps»

(4)   «Pouvez-vous me dire en quoi cette opération est importante pour le développement de notre chiffre d'affaires ?» (réponses positives formulées par l'équipe)

(5)   «Que va-t-il se passer si nous ne réussissons pas à obtenir suffisamment d'adresses de notre clientèle ?»

(6)   «En dehors des fiches clients de quoi avez-vous besoin pour réussir cette mission ?», «Souhaitez-vous que nous travaillions ensemble sur la formulation de la demande de coordonnées ?»

(7)   «Nous ferons un point tous les lundis matin afin de totaliser les fiches d'adresses de façon individuelle»

(8)   Tout au long de la semaine encouragez et valorisez les résultats positifs.

Présenté sous cette forme qui ne vous prendra que quelques minutes, vous avez impliqué et motivé votre équipe, elle connaît l'importance de la réussite de cette mission et les risques de l'échec.

Prenez le temps de gagner du temps et de l'efficacité

Conclusion :
Un petit effort permet souvent de grands résultats

Dominique

Question de Monika de Varsovie.

Cher Dominique,

Nous avons la chance de pouvoir vous lire en Pologne grâce au magazine Cabines.

Je suis une fidèle lectrice de vos rubriques que je collectionne depuis le début. J'essaie de mettre en application tous vos conseils. Mais ces conseils sont nombreux et j'ai du mal à me souvenir de tous au bon moment. Quels sont les plus importants s'il vous plaît ?

Chère Monika,

Je vous remercie de votre assiduité à lire mes rubriques depuis visiblement «longtemps».

J'aurais du mal à sélectionner pour vous les conseils les plus importants ou les plus efficaces puisque, à mon sens, c'est l'ensemble de ces conseils mis bout à bout qui feront ou font le succès de vos ventes.

Si nous prenons l'exemple de la partie la plus importante dans la construction d'une maison, nous pouvons penser que les fondations sont primordiales. Mais que penser de la toiture ? De l'isolation ? De la distribution ? De la lumière ? Du chauffage ? De la surface ? Du nombre de pièces ? De l'adresse ? Du confort ? etc.

C'est l'ensemble de ces éléments qui fera que la maison est parfaite... Mais pour certains, les priorités se définissent naturellement :

«Je préfère 100 m^2 à la campagne plutôt que 50 m^2 même en plein cœur de Paris».

Il en est de même pour vos clientes. Vous devez pouvoir tout leur proposer, suggérer, recommander ; bref, vous adapter à chacune d'entre elles. Malheureusement (et heureusement pour l'humanité), chaque cliente est unique. Donc vos techniques devront s'adapter à chaque cliente.

Néanmoins, je ne vais pas vous laisser sans réponse, j'ai développé, dans ma méthode pédagogique, un outil simple et efficace qui a l'avantage de synthétiser tous mes conseils : Le BEST TOP © *

* le BEST TOP fait partie de la méthode pédagogique de DP.Training déposée INPI et non exploitable par tout autre organisme de formation, école ou service de formation de marque cosmétique non validés par DP.Training.

Le BEST TOP © est la synthèse de tout ce que doit faire une esthéticienne professionnelle.

Le BEST TOP © est un outil pédagogique d'auto-évaluation.

L'idée est de cocher ce que vous savez déjà faire et de vous concentrer sur ce que vous ne maîtrisez pas encore totalement.

Avancez à votre rythme, mais avancez jusqu'à maîtriser l'ensemble des actions.

Faites vous-même ou avec vos esthéticiennes un point daté régulièrement.

1. Je réponds au téléphone avant la troisième sonnerie.
2. J'annonce toujours la formule définie de bienvenue au téléphone.
3. Dès que j'aperçois une cliente, je me rends disponible.
4. Je me lève, je suis avenante, et je la salue.
5. Je ne suis pas surprise et je la reconnais.
6. Je l'appelle par son nom en lui souhaitant la bienvenue.
7. Je sais pourquoi elle vient, j'ai relu sa fiche.
8. Je la prends en charge immédiatement.
9. Mon obsession est : la bonne écoute.
10. Je ne la fais pas attendre ; si elle est en avance, je lui propose une boisson et je l'installe de façon confortable.
11. Si je suis déjà en ligne, je décroche, j'annonce la formule définie et je fais patienter.
12. J'utilise systématiquement la formule de présentation définie.
13. Je ne fais pas patienter dans le vide, je mets en attente sur la mélodie.
14. Pendant l'attente, je reprends contact toutes les 30 secondes maximum et je rassure l'appelant.
15. Je garde à l'esprit qu'au téléphone je suis la vitrine de l'institut.
16. J'écoute activement et totalement, puis je reformule la demande lors de ma réponse.
17. Mon ton est convivial tout au long de l'entretien.
18. Je personnalise tous les appels en utilisant les madame X ou monsieur Y.
19. Je remercie les appelants de leur appel dès que possible.
20. Mes communications ne sont jamais perturbées par des bruits de fond (collègues).
21. Je ne raccroche jamais avant l'appelant.
22. Pendant que je suis au téléphone, je salue les clients entrant d'un grand sourire, qui traduit : « Je vous ai vu, soyez le bienvenu, je m'occupe de vous immédiatement. »
23. Je suis convaincue que chaque appel est un client potentiel.
24. Toutes les clientes sont importantes.
25. J'accueille chaque cliente comme j'aimerais être accueillie.
26. Mon sourire est naturel.
27. Je dis : « Bonjour, Madame/Monsieur » en souriant à chaque per-

sonne croisée dans l'institut.

28. Ma mission est de donner à ma cliente le service qu'elle est en droit d'attendre de moi.
29. Je l'écoute activement et totalement.
30. Je ne lui donne pas d'ordre ; je l'invite à...
31. Je la précède lors des déplacements (devant et décalée par rapport à elle).
32. J'anticipe ses demandes et ses attentes.
33. Je prends soin d'elle comme si c'était un membre de ma famille. (pas trop chaud, pas trop froid, pas trop de bruit, pas trop fort, etc.)
34. Je vouvoie toutes mes clientes sans exception.
35. Lors de nos échanges, je regarde ma cliente dans les yeux (sans fixer).
36. Mon ton est approprié, je n'élève jamais la voix.
37. Je ne m'adresse pas à mes collègues dans les couloirs en présence de ma cliente.
(T'as des nouvelles de... ? Tu manges où ? Bon appétit ! Tu fais quoi ? À demain !)
38. Je remercie mes clientes de leur visite dès que possible.
39. Je leur rappelle qu'elles sont toujours les bienvenues.
40. Je connais le prix de mes produits.
41. Je connais le descriptif technique de mes produits.
42. Je connais les produits concurrents.
43. Je connais les principales objections sur mes produits.
44. J'ai les principales réponses aux objections sur mes produits.
45. Je connais mon objectif journalier et mensuel.
46. Mes clients me réclament lors de leur 2e visite.
47. Je m'informe sur les nouveautés de mon secteur.
48. J'oublie mes a priori sur le prix.
49. Je trouve les produits proposés en moins de 30 secondes.
50. Je propose tous les services de l'institut.
51. J'identifie mes clientes.
52. Je me présente toujours par mon prénom.
53. Je suis toujours prête et souriante à l'arrivée d'une cliente.
54. Je suis toujours souriante.
55. Je suis toujours avenante.
56. Je salue toutes les clientes.

57. Je pratique systématiquement un diagnostic avant toutes les recommandations de produits.
58. Je propose toujours les solutions adaptées aux besoins exprimés par la cliente.
59. Je propose le nombre de produits nécessaires pour assurer l'obtention d'un résultat.
60. Je prends du plaisir à conseiller mes clientes.
61. Mes clientes me remercient des conseils que je leur donne.
62. Je pose toujours au moins 6 questions ouvertes concernant l'utilisation du produit.
63. Je reformule toujours les demandes de mes clientes avant de leur proposer un produit.
64. Je n'impose jamais mes goûts personnels.
65. Je tiens compte de toutes les objections de la cliente.
66. Je réponds toujours à toutes les objections exprimées par la cliente.
67. Je n'ai pas d'a priori sur le budget de mes clientes.
68. Je n'hésite pas à aller vers la cliente.
69. Je ne porte pas de jugement de valeur sur mes clients.
70. Je connais mes marges de négociation.
71. Je considère chaque cliente comme un hôte.
72. Je sais répondre à une demande de remise.
73. Je n'ai pas besoin de solliciter un responsable pendant une vente.
74. Je regarde mes clientes dans les yeux.
75. Mon ton est approprié à mon rôle.
76. Je me fais bien comprendre des clientes.
77. J'écoute mes clientes jusqu'au bout de leur demande.
78. Je connais la limite de mes services et prestations.
79. J'applique systématiquement le C.Q.F.D. ©
80. Je sais identifier les besoins conscients de mes clientes.
81. Je sais identifier les besoins inconscients de mes clientes.
82. Je sais identifier les leviers permettant l'enchaînement des ventes.
83. Je maîtrise les questions ouvertes.
84. Je maîtrise les questions alternatives.
85. Je maîtrise les questions fermées.
86. Mes formulations sont positives.
87. Mes offres et mes phrases sont incitatives.
88. J'applique l'argumentation – avantage – caractéristique – preuve.

89. Je maîtrise les silences pour inciter ma cliente à parler.
90. Je fais la part entre le personnel et le professionnel.
91. Je trouve le produit correspondant à la demande et à l'utilisation.
92. Ma tenue est en adéquation avec ma fonction et le cadre de l'institut.
93. Je ne laisse pas une cliente seule en cabine plus de trois minutes.
94. J'assure toujours la même qualité de service pour chaque cliente.
95. Je remercie toujours la cliente.
96. J'invite toujours la cliente à revenir me voir.
100. Je raccompagne toujours la cliente à la porte.

Total sur 100 :   Date :
Total sur 100 :   Date :
Total sur 100 :   Date :
Total sur 100 :   Date :
Total sur 100 :   Date
Total sur 100 :   Date :

Chère Monika, lorsque vous maîtriserez totalement le BEST TOP© vous ne vous poserez plus cette question...

Bon BEST TOP©

le BEST TOP fait partie de la méthode pédagogique de DP.Training déposée INPI et non exploitable par tout autre organisme de formation, école ou service de formation de marque cosmétique non validés par DP.Training.

Notes

....

....

....

....

....

....

Je reste à votre disposition pour toutes questions
concernant le management

Vous pouvez aussi découvrir sur Amazon mon premier livre
COMMENT VENDRE DES PRODUITS COSMÉTIQUES
SANS FORCING ET SANS CULPABILISER

Voici mon email
pierson@dp-training.com

Abonnez-vous à mon Facebook
Dominique Pierson

Likez ma page Facebook
dominiquepiersondptraining

Devenez amie sur mon groupe Facebook
« teammethodepierson »
Vidéos, conférences et tutos gratuits

Suivez-moi sur Instagram et TikTok
« dominique pierson »

Visitez mon site et découvrez mes cours en ligne
www.methode-pierson.com

RÉFÉRENCES

Remerciements aux partenaires qui m'ont fait confiance depuis 2003

Les marques
Guerlain, Carita, Clarins, Decléor, Maria Galland, Orlane, Payot, Pevonia, Shiseido, Sothys, Guinot, Mary Cohr, Yon-Ka, Club Med, Omnisens, Calicéo, Royatonic, Orlane, Anne Semonin, Algotherm, La Colline, Valmont Suisse, Serge Louis Alvarez, Stephane Marais, Themaé Skinceutical, Les Sens de Marrakech, After the rain, Bernard Cassière, Téo Cabanel, Revlon, Algotherm, Alorée, Thalac, Lise Watier, Thémaé, Gisèle Delorme, Coryse Salomé, Ishi, Artdeco, etc.

Les Spas d'Hôtels et de Palaces
Groupe Four Seasons, Le George V, Le Bristol, Le Ritz, Le Royal Monceau, Hôtel Barrière, Le Fouquet's, Le Meurice, Le Grand Hôtel de la Messardiere, Hôtel Bulgari, Le Martinez, le Royal Monceau, Hôtel Shangri-La, St James Albany-Paris, Belle Mare-Ile Maurice, Hôtel Fairmont Palace Montreux, Hôtel le JIVA, Le spa Mosaic, Hôtel Bernard Loiseau, Hôtel George Blanc, Hôtel Alodis, Le Club Med (France, Italie, Maroc, Turquie, Portugal) Sofitel Marrakech, Les Sources de Caudalie, Les Sources de Cheverny, Domaine de Divonne, etc.

Les parfumeries
Marionnaud, Douglas, Beauty Succès, Nocibé.

Marques de Pharmacies
Caudalie, Nuxe, Sanoflore, Filorga, Leonard, Tabac, etc.

Les magazines
Cabines, Ness, Les Nouvelles Esthétiques, Biblond, Cosmétique Spa, Cosmétique Magazine, ID beauté, BW Cosmétique

Conférencier depuis 2003

Salons Cosmeeting/Beyond Beauty/Les Nouvelles Esthétiques/Cabines/ Beauty forum depuis 2003 :

- « Cartographie et perspectives d'évolution des instituts en France »
- « Maîtrise de la vente en institut »
- « Savoir motiver son équipe »
- « Prendre du plaisir à vendre plus »
- « L'accueil et le service VIP en Spa et hôtellerie Spa : le service, un 6e sens »,
- « Comment enchaîner les ventes »
- « Comment motiver ses équipes en centre de beauté »
- « Comment réussir sa rentrée professionnelle en centre de beauté »
- « Comment vendre des cures minceurs »
- « Les 10 actions du plan marketing en centre de beauté »
- « Que veulent vos clientes aujourd'hui en centre de beauté »
- « Comment et pourquoi s'équiper d'appareils de soin en centre de beauté »
- « Comment faire tomber les freins psychologiques en centre de beauté »
- « Comment finir en beauté son année »
- « Comment réussir grâce à la confiance en soi »

Remerciements pour leur soutien

- **Régine Ferrère** Présidente de la CNEP et présidente d'International Beauty & Cosmetic Business School by Régine Ferrère
- **Michelle de Lattre** Directeur de la publication et **Laure Jeandemange** Rédactrice en chef du magazine *Les Nouvelles Esthétiques*
- **Jacqueline Peyrefitte** Présidente UNIB chez Présidente de l'Union Nationale des Instituts de Beauté
- **Roland Buffet** Créateur Editor Cabines mag. Mondial Spa&Beauté
- **Pradip Bala** Président de Beauty Forum France
- **David Bondi** CEO Président Cosmeeting & Creative Beauty Paris
- **Aldina Duarte Ramos** Ex-présidente de SPA-A - Brand transformer at ACCOR
- **Marie Paul Leblanc** Présidente SPA-A
- **Fatia Romeu** PDG - Paradis d'une Femme
- **Alexandre Lambert** Président chez Bloomea
- **Nicolas Perren** Fondateur chez Pro and Beauty
- Et aux plus de 10 000 personnes ayant participé à mes cours en présentiel ou distanciel

- **Nathalie et Jean Louis Poiroux** Créateurs et dirigeants de Cinq Mondes
- **Catherine Piraud-Rouet** Journaliste beauté
- **Damien Ojetti** Président de Suisse Coiffure
- **Philippe Coulibaly**, directeur d'exploitation du Ritz Health Club

- Et bien sûr à ma fantastique femme **Valerie Pierson,** écrivaine (*La chance, La créativité, Le courage, En avant pour un tour du monde, Là où ronronnent les pumas, Il n'est jamais trop tard pour libérer les licornes, Cassandre 1-2-3 aux éditions SAKURA*) sans qui ce livre n'aurait pas vu le jour.

- **Emilie Robert,** Correctrice du livre pour aussi mon premier livre *Comment vendre des produits cosmétiques sans forcing et sans culpabiliser*
- **Caroline Laleta Ballini,** Graphiste pour aussi mon premier livre *Comment vendre des produits cosmétiques sans forcing et sans culpabiliser*

Printed in France by Amazon
Brétigny-sur-Orge, FR

21059135R00125